# 四世同堂 第五卷

## 《世紀前百大文學系列作品》

I0438210

Under one roof Vol 5

老舍著

世紀百大文學 有著作權 侵害必究

ISBN-13:978-1548907242

ISBN-10:1548907243

老舍

## 简介

### 《四世同堂》

　　中國現代長篇小說，為著名作家老舍的代表作之一。本作品的時代背景為抗日戰爭時期，時值盧溝橋事變爆發、北平淪陷，描述了北平一條胡同的居民在淪落為亡國奴之後發生的故事，主要書寫了祁姓家族四代人所遭受的種種哀痛和不幸，著重刻畫了祁瑞宣這一苦悶的角色，揭發了日本軍團的殘暴和虛假和平的陰謀，塑造了諸如祁瑞宣、錢默吟、李四爺等等可歌可泣的人物，他們在國難當頭之際，有的因家庭拖累而不能逃出北平去參軍，卻以各自的方式說明國家；有的在白色恐怖之下，仍然堅持傳統的禮義廉恥，相互關愛和幫助。同時，作者也塑造了鮮明的反派角色如冠曉荷、大赤包、藍東陽等等，他們甘願淪為漢奸，不顧廉恥，自私自利，極盡諂媚巴結之能事，道盡了世態炎涼。

# 《目录》

## ～世紀前百大文學系列作品～

第五十七章

　　瑞宣的歡喜幾乎是剛剛來到便又消失了。為抵抗汪精衛，北平的漢奸們死不要臉的向日本軍閥獻媚，好鞏固自己的地位。日本人呢，因為在長沙吃了敗仗，也特別願意牢牢的佔據住華北。北平人又遭了殃。「強化治安」，「反共剿匪」，等等口號都被提了出來。西山的炮聲又時常的把城內震得連玻璃窗都嘩啦嘩啦的響。城內，每條胡同都設了正副里長，協助著軍警維持治安。全北平的人都須重新去領居住證。在城門、市場、大街上，和家裡，不論什麼時候都可以遭到檢查，忘帶居住證的便被送到獄裡去。中學、大學，一律施行大檢舉，幾乎每個學校都有許多教員與學生被捕。被捕去的青年，有被指為共產黨的，有被指為國民黨的，都隨便的殺掉，或判長期的拘禁。有些青年，竟自被指為汪精衛派來的，也受到苦刑或殺戮。同時，新民會成了政治訓練班，給那些功課壞，心裡糊塗，而想陞官發財的青年闖開一條捷徑。他們去受訓，而後被派在各機關去作事。假若他們得到日本人的喜愛，他們可

以被派到偽滿、朝鮮，或日本去留學。在學校裡，日本教官的勢力擴大，他們不單管著學生，也管著校長與教員。學生的課本一律改換。學生的體育一律改為柔軟操。學生課外的讀物只是淫蕩的小說與劇本。

新民會成立了劇團，專上演日本人選好的劇本。電影園不准再演西洋片子，日本的和國產的《火燒紅蓮寺》之類的影片都天天「獻映」。

舊劇特別的發達，日本人和大漢奸們都願玩弄女伶，所以隔不了三天就捧出個新的角色來。市民與學生們因為無聊，也爭著去看戲，有的希望看到些忠義的故事，滌除自己一點鬱悶，有的卻為去看淫戲與海派戲的機關佈景。淫戲，像《殺子報》、《紡棉花》、《打櫻桃》等等都開了禁。機關佈景也成為號召觀眾的法寶。戰爭毀滅了藝術。

從思想，從行動，從社會教育與學校教育，從暴刑與殺戮，日本沒打下長沙，而把北平人收拾得像避貓鼠。北平像死一般的安靜，在這死屍的上面卻插了一些五光十色的紙花，看起來也頗鮮艷。

瑞宣不去看戲，也停止了看電影，但是他還看得見報紙上戲劇與電影的廣告。那些廣告使他難過。他沒法攔阻人們去娛樂，但是他也想像得到那去娛樂的人們得到的是什麼。精神上受到麻醉的，他知道，是會對著死亡還吃吃的笑的。

他是喜歡逛書攤的。現在，連書攤他也不敢去看了。老書對他毫無用處。不單沒有用處，他以為自己許多的觀念與行動還全都多少受了老書的惡影響，使他遇到事不敢說黑就是黑，白就是白，而老那麼因循徘徊，像老書那樣的字不十分黑，紙不完全白。可是，對於新書，他又不敢翻動。新書不是色情的小說劇本，便是日本人的宣傳品。他不能甘心接受那些毒物。他極盼望能得到一些英文書，可是讀英文便是罪狀；他已經因為認識英文而下過獄。對於他，精神的食糧已經斷絕。他可以下決心不接受日本人的宣傳品，卻沒法子使自己不因缺乏精神食糧而仍感到充實。他是喜愛讀書的人。讀書，對於他，並不簡單的只是消遣，而是一種心靈的運動與培養。他永遠不抱著書是書，他是他的態度去接近書籍，而是想把書籍變成一種汁液，

吸收到他身上去，榮養自己。他不求顯達，不求富貴，書並不是他的干祿的工具。他是為讀書而讀書。讀了書，他才會更明白，更開擴，更多一些精神上的生活。他極怕因為沒有書讀，而使自己「貧血」。他看見過許多三十多歲，精明有為的人，因為放棄了書本，而慢慢的變得庸俗不堪。然後，他們的年齡加增，而只長多了肉，肚皮支起多高，脖子後邊起了肉枕。他們也許萬事亨通的作了官，發了財，但是變成了行屍走肉。瑞宣自己也正在三十多歲。這是生命過程中最緊要的關頭。假若他和書籍絕了緣，即使他不會走入官場，或去作買辦，他或者也免不了變成個抱孩子，罵老婆，喝兩盅酒就瑣碎嘮叨的人。他怕他會變成老二。

可是，日本人所需要的中國人正是行屍走肉。

瑞宣已經聽到許多消息——日本人在強化治安、控制思想、「專賣」圖書、派任里長等設施的後面，還有個更毒狠的陰謀：他們要把北方人從各方面管治得伏伏帖帖，而後從口中奪去食糧，身上剝去衣服，以饑寒活活挣死大家。北平在不久就要計口授糧，就要按月獻銅獻鐵，以至於獻泡過的茶葉。

瑞宣打了哆嗦。精神食糧已經斷絕，肉體的食糧，哼，也會照樣的斷絕。以後的生活，將是只顧一日三餐，對付著活下去。他將變成行屍走肉，而且是面黃肌瘦的行屍走肉！

他所盼望的假若常常的落空，他所憂慮的可是十之八九能成為事實。小羊圈自成為一里，已派出正副里長。

小羊圈的人們還不知道里長究竟是幹什麼的。他們以為里長必是全胡同的領袖，協同著巡警辦些有關公益的事。所以，眾望所歸，他們都以李四爺為最合適的人。他們都向白巡長推薦他。

李四爺自己可並不熱心擔任里長的職務。由他的二年多的所見所聞，他已深知日本人是什麼東西。他不願給日本人辦事。

可是，還沒等李四爺表示出謙讓，冠曉荷已經告訴了白巡長，里長必須由他充任。他已等了二年多，還沒等上

一官半職，現在他不能再把作里長的機會放過去。雖然里長不是官，但是有個「長」字在頭上，多少也過點癮。況且，事在人為，誰準知道作里長就沒有任何油水呢？

這本是一樁小事，只須他和白巡長說一聲就夠了。可是，冠曉荷又去託了一號的日本人，替他關照一下。慣於行賄託情，不多說幾句好話，他心裡不會舒服。

白巡長討厭冠曉荷，但是沒法子不買這點賬。他只好請李四爺受點屈，作副里長。李老人根本無意和冠曉荷競爭，所以連副里長也不願就。可是白巡長與鄰居們的「勸進」，使他無可如何。白巡長說得好：「四大爺，你非幫這個忙不可！誰都知道姓冠的是吃裡爬外的混球兒，要是再沒你這個公正人在旁邊看一眼，他不定幹出什麼事來呢！得啦，看在我，和一群老鄰居的面上，你老人家多受點累吧！」

好人禁不住幾句好話，老人的臉皮薄，不好意思嚴詞拒絕：「好吧，幹幹瞧吧！冠曉荷要是胡來，我再不幹就是了。」「有你我夾著他，他也不敢太離格兒了！」白巡

長明知冠曉荷不好惹,而不得不這麼說。

老人答應了以後,可並不熱心去看冠曉荷。在平日,老人為了職業的關係,不能不聽曉荷的支使。現在,他以為正副里長根本沒有多大分別,他不能先找曉荷去遞手本。

冠曉荷可是急於擺起里長的架子來。他首先去印了一盒名片,除了一大串「前任」的官銜之外,也印上了北平小羊圈裡正里長。印好了名片,他切盼副里長來朝見他,以便發號施令。李老人可是始終沒露面。他趕快的去作了一面楠木本色的牌子,上刻「里長辦公處」,塗上深藍的油漆,掛在了門外。他以為李四爺一看見這面牌子必會趕緊來叩門拜見的。李老人還是沒有來。他找了白巡長去。

白巡長準知道,只要冠曉荷作了里長,就會憑空給他多添許多麻煩。可是,他還須擺出笑容來歡迎新里長;新里長的背後有日本人啊。

「我來告訴你,李四那個老頭子是怎麼一回事,怎麼不來見我呢?我是『正』里長,難道我還得先去拜訪他不

成嗎？那成何體統呢！」

　　白巡長沉著了氣，話軟而氣兒硬的說：「真的，他怎麼不去見里長呢？不過，既是老鄰居，他又有了年紀，你去看看他大概也不算什麼丟臉的事。」

　　「我先去看他？」曉荷驚異的問。「那成什麼話呢？告訴你，就是正里長，只能坐在家裡出主意，辦公；跑腿走路是副里長的事。我去找他，新新！」

　　「好在現在也還無事可辦。」白巡長又冷冷的給了他一句。

　　曉荷無可奈何的走了出來。他向來看不起白巡長，可是今天白巡長的話相當的硬，所以他不便發威。只要白巡長敢說硬話，他以為，背後就必有靠山。他永遠不幹硬碰硬的事。

　　白巡長可是沒有說對，里長並非無公可辦。冠曉荷剛剛走，巡長便接到電話，教里長馬上切實辦理，每家每月

須獻二斤鐵。聽完電話，白巡長半天都沒說上話來。別的他不知道，他可是準知道銅鐵是為造槍炮用的。日本人拿去北平人的鐵，還不是去造成槍炮再多殺中國人？假若他還算個中國人，他就不能去執行這個命令。

可是，他是亡了國的中國人。掙人錢財，與人消災。他不敢違抗命令，他掙的是日本人的錢。

像有一塊大石頭壓著他的脊背似的，他一步懶似一步的，走來找李四爺。

「噢！敢情里長是幹這些招罵的事情啊？」老人說：「我不能幹！」

「那可怎辦呢？四大爺！」白巡長的腦門上出了汗。「你老人家要是不出頭，鄰居們準保不往外交鐵，咱們交不上鐵，我得丟了差事，鄰居們都得下獄，這是玩的嗎？」「教冠曉荷去呀！」老人絕沒有為難白巡長的意思，可是事出無奈的給了朋友一個難題。

「無論怎樣，無論怎樣，」白巡長的能說慣道的嘴已有點不利落了，「你老人家也得幫這個忙！我明知道這是混賬事，可是，可是──」

看白巡長真著了急，老人又不好意思了，連連的說：「要命！要命！」然後，他歎了口氣：「走！找冠曉荷去！」

到了冠家，李老人決定不便分外的客氣。一見冠曉荷要擺架子，他就交代明白：「冠先生，今天我可是為大家的事來找你，咱們誰也別擺架子！平日，你出錢，我伺候你，沒別的話可說。今天，咱們都是替大家辦事，你不高貴，我也不低搭。是這樣呢，我願意幫忙；不這樣，我也有個小脾氣，不管這些閒事！」

交代完了，老人坐在了沙發上；沙發很軟，他又不肯靠住後背，所以晃晃悠悠的反覺得不舒服。

白巡長怕把事弄僵，趕快的說：「當然！當然！你老人家只管放心，大家一定和和氣氣的辦好了這件事。都是

多年的老鄰居了，誰還能小瞧誰？冠先生根本也不是那種人！」

曉荷見李四爺來勢不善，又聽見巡長的賣面子的話，連連的眨巴眼皮。然後，他不卑不亢的說：「白巡長、李四爺，我並沒意思作這個破里長。不過呢，胡同裡住著日本朋友，我怕別人辦事為難，所以我才肯出頭露面。再說呢，我這兒茶水方便，桌兒凳兒的也還看得過去，將來哪怕是日本官長來看看咱們這一里，咱們的辦公處總不算太寒傖。我純粹是為了全胡同的鄰居，絲毫沒有別的意思！李四爺你的顧慮很對，很對！在社會上作事，理應打開鼻子說亮話。我自己也還要交代幾句呢：我呢，不怕二位多心，識幾個字，有點腦子，願意給大家拿個主意什麼的。至於跑跑腿呀，上趟街呀，恐怕還得多勞李四爺的駕。咱們各抱一角，用其所長，準保萬事亨通！二位想是也不是？」

白巡長不等老人開口，把話接了過去：「好的很！總而言之，能者多勞，你兩位多操神受累就是了！冠先生，我剛接到上邊的命令，請兩位趕緊辦，每家每月要獻二斤

鐵。」「鐵？」曉荷好像沒聽清楚。

「鐵！」白巡長只重說了這一個字。

「幹什麼呢？」曉荷眨巴著眼問。

「造槍炮用！」李四爺簡截的回答。

曉荷知道自己露了醜，趕緊加快的眨眼。他的確沒有想起鐵是造槍炮用的，因為他永遠不關心那些問題。聽到李老人的和鐵一樣硬的回答，他本想說：造槍炮就造吧，反正打不死我就沒關係。可是，他又覺得難以出口，他只好給日本人減輕點罪過，以答知己：「也不一定造槍炮，不一定！作鏟子、鍋、水壺，不也得用鐵麼？」

白巡長很怕李老人又頂上來，趕快的說：「管它造什麼呢，反正咱們得交差！」

「就是！就是！」曉荷連連點頭，覺得白巡長深識大體。「那麼，四爺你就跑一趟吧，告訴大家先交二斤，下

月再交二斤。」

李四爺瞪了曉荷一眼，氣得沒說出話來。

「事情恐怕不那麼簡單！」白巡長笑得怪不好看的說：「第一，咱們不能冒而咕咚去跟大家要鐵。你們二位大概得挨家去說一聲，教大傢伙兒都有個準備，也順手兒教他們知道咱們辦事是出於不得已，並非瞪著眼幫助日本人。」「這話對！對的很！咱們大家是好鄰居，日本人也是大家的好朋友！」曉荷嚼言咂字的說。

李四爺晃搖了一下。

「四爺，把脊梁靠住，舒服一點！」曉荷很體貼的說。「第二，鐵的成色不一樣，咱們要不要個一定的標準呢？」白巡長問。

「當然要個標準！馬口鐵恐怕就──」

「造不了槍炮！」李四爺給曉荷補足了那句話。「是，

馬口鐵不算！」白巡長心中萬分難過，而不得不說下去。他當慣了差，他知道怎樣壓制自己的感情。他須把歹事當作好事作，還要作得周到細膩，好維持住自己的飯碗。

「生鐵熟鐵分不分呢？」

曉荷半閉上了眼，用心的思索。他覺得自己很有腦子，雖然他的腦子只是一塊軟白的豆腐。他不分是非，不辨黑白，而只人模狗樣的作出一些姿態來。想了半天，他想出句巧妙的話來：「你看分不分呢？白巡長！」

「不分了吧？四大爺！」白巡長問李老人。

老人只「哼」了一聲。

「我看也不必分得太清楚了！」曉荷隨著別人想出來主意。「事情總是籠統一點好！還有什麼呢？」

「還有！若是有的人交不出鐵來，怎麼辦？是不是可以折合現錢呢？」

　　素來最慈祥和藹的李老人忽然變成又倔又硬：「這件事我辦不了！要鐵已經不像話，還折錢？金錢一過手，無弊也是有弊。我活了七十歲了，不能教老街舊鄰在背後用手指頭戳打我！折錢？誰給定價兒？要多了，大家紛紛議論；要少了，我賠墊不起！乾脆，你們二位商議，我不陪了！」老人說完就立了起來。

　　白巡長不能放走李四爺，一勁兒的央告：「四大爺！四大爺！沒有你，簡直什麼也辦不通！你說一句，大家必點頭，別人說破了嘴也沒有用！」

　　曉荷也幫著攔阻李老人。聽到了錢，他那塊像豆腐的腦子馬上轉動起來。這是個不可放過的機會。是的，定價要高，一轉手，就是一筆收入。他不能放走李四爺，教李四爺去收錢，而後由他自己去交差；罵歸老人，錢入他自己的口袋。他急忙攔住李四爺。看老人又落了座，他聚精會神的說：「大概誰家也不見得就有二斤鐵，折錢，我看是必要的，必要的！這麼辦，我自己先獻二斤鐵，再獻二斤鐵的錢，給大家作個榜樣，還不好嗎？」

「算多少錢一斤呢？」白巡長問。

「就算兩塊錢一斤吧。」

「可是，大家要都按兩塊錢一斤折獻現錢，咱們到哪兒去買那麼多的鐵呢？況且，咱們一收錢，它準保漲價，說不定馬上就漲到三塊，誰負責賠墊上虧空呢？」白巡長說完，直不住的搓手。

「那就乾脆要三元一斤！」曉荷心中熱了一下。「三塊一斤？」李四爺沒有好氣兒的說：「就是兩塊一斤，有多少人交得起呢？想想看，就按兩塊錢一斤說，憑空每家每月就得拿出四塊錢來，且先不用說三塊一斤了。一個拉車的一月能拉多少錢呢？白巡長，你知道，一個巡警一月掙幾張票子呢？一要就是四塊，六塊，不是要大家的命嗎？」

白巡長皺上了眉。他知道，他已經是巡長，每月才拿四十塊偽鈔，獻四元便去了十分之一！

冠曉荷可沒感到問題的嚴重，所以覺得李四爺是故意搗亂。「照你這麼說，又該怎辦呢？」他冷冷的問。「怎麼辦？」李四爺冷笑了一下。「大家全聯合起來，告訴日本人，鐵沒有，錢沒有，要命有命！」

冠曉荷嚇得跳了起來。「四爺！四爺！」他央告著：「別在我這兒說這些話，成不成？你是不是想造反？」白巡長也有點發慌。「四大爺！你的話說得不錯，可是那作不到啊！你老人家比我的年紀大，總該知道咱們北平人永遠不會造反！還是心平氣和的想辦法吧！」

李四爺的確曉得北平人不會造反，可是也真不甘心去向大家要鐵。他慢慢的立起來：「我沒辦法，我看我還是少管閒事的好！」

白巡長還是不肯放老人走，可是老人極堅決：「甭攔我了，巡長！我願意幹的事，用不著人家說勸；我不願幹的事，說勸也沒有用！」老人慢慢的走出去。

曉荷沒有再攔阻李四爺，因為第一他不願有個嚷造反

的人坐在他的屋中，第二他以為老頭子不愛管事，也許他更能得手一些，順便的弄兩個零錢花花。

白巡長可是真著了急。急，可是並沒使他心亂。他也趕緊告辭，不願多和曉荷談論。他準備著晚半天再去找李四爺；非到李四爺點了頭，他決不教冠曉荷出頭露面。新民會在遍街上貼標語：「有錢出錢，沒錢出鐵！」這很巧妙：他們不提獻鐵，而說獻金；沒有錢，才以鐵代。這樣，他們便無須解釋要鐵去幹什麼了。

同時，錢默吟先生的小傳單也在晚間進到大家的街門裡：「反抗獻鐵！敵人用我們的鐵，造更多的槍炮，好再多殺我們自己的人！」

白巡長看到了這兩種宣傳。他本想在晚間再找李四爺去，可是決定了明天再說。他須等等看，看那反抗獻錢的宣傳有什麼效果。為他自己的飯碗打算，他切盼這宣傳得不到任何反應，好平平安安的交了差。但是，他的心中到底還有一點熱氣，所以他也盼望那宣傳發生些效果，教北平因反抗獻鐵而大亂起來。是的，地方一亂，他首先要受

到影響，說不定馬上就砸了飯鍋；可是，誰管得了那麼多呢；北平人若真敢變亂起來，也許大家都能抬一抬頭。

他又等了一整天，沒有，沒有人敢反抗。他只把上邊的電話等了來：「催里長們快辦哪！上邊要的緊！」聽完，他歎息著對自己說：北平人就是北平人！

他強打精神，又去找冠里長。

大赤包在娘家住了幾天。回來，她一眼便看見了門口的楠木色的牌子，順手兒摘下來，摔在地上。

「曉荷！」她進到屋中，顧不得摘去帶有野雞毛的帽子，就大聲的喊：「曉荷！」

曉荷正在南屋裡，聽到喊叫，心裡馬上跳得很快，不知道所長又發了什麼脾氣。整了一下衣襟，把笑容合適的擺在臉上，他輕快的跑過來。「喝，回來啦？家裡都好？」「我問你，門口的牌子是怎回事？」

「那，」曉荷噗哧的一笑，「我當了里長啊！」「嗯！你就那麼下賤，連個里長都稀罕的了不得？去，到門口把牌子揀來，劈了燒火！好嗎，我是所長，你倒弄個里長來丟我的人，你昏了心啦吧？沒事兒，弄一群臭巡警，和不三不四的人到這兒來亂吵嚷，我受得了受不了？你作事就不想一想啊？你的腦子難道是一團兒棉花？五十歲的人啦，白活！」大赤包把帽子摘下來，看著野雞毛輕輕的顫動。「報告所長，」曉荷沉住了氣，不卑不亢的說：「里長實在不怎麼體面，我也曉得。不過，其中也許有點來頭，所以我──」

「什麼來頭？」大赤包的語調降低了一些。

「譬如說，大家要獻鐵，而家中沒有現成的鐵，將如之何呢？」曉荷故意的等了一會兒，看太太怎樣回答。大赤包沒有回答，他講了下去：「那就只好折合現錢吧。那麼，實價比如說是兩塊錢一斤，我硬作價三塊。好，讓我數數看，咱們這一里至少有二十多戶，每月每戶多拿兩塊，一月就是五十來塊，一個小學教員，一星期要上三十個鐘頭的課，也不過才掙五十塊呀！再說，今天要獻鐵，明天

焉知不獻銅，錫，鉛呢？有一獻，我來它五十塊，有五獻，我就弄二百五十塊。一個中學教員不是每月才掙一百二十塊嗎？想想看！況且，」「別說啦！別說啦！」大赤包截住了丈夫的話，她的臉上可有了笑容。「你簡直是塊活寶！」

曉荷非常的得意，因為被太太稱為活寶是好不容易的。他可是沒有把得意形諸於色。他要沉著穩健，表示出活寶是和聖賢豪傑一樣有涵養的。他慢慢的走了出去。

「幹嗎去？」

「我，把那塊牌子再掛上！」

曉荷剛剛把牌子掛好，白巡長來到。

有大赤包在屋裡，白巡長有點坐立不安了。當了多年的警察，他自信能對付一切的人──可只算男人，他老有些怕女人，特別是潑辣的女人。他是北平人，他知道尊敬婦女。因此，他會把一個男醉鬼連說帶嚇唬的放在床上去

睡覺，也會把一個瘋漢不費什麼事的送回家去，可是，遇上一個張口就罵，伸手就打的女人，他就感到了困難；他既不好意思要硬的，又不好意思要嘴皮子，他只好甘拜下風。

他曉得大赤包不好惹，而大赤包又是個婦人。一看見她，他就有點手足無措。三言兩語的，他把來意說明。果然，大赤包馬上把話接了過去：「這點事沒什麼難辦呀！跟大家去要，有敢不交的帶了走，下監！乾脆嘹亮！」

白巡長十分不喜歡聽這種話，可是沒敢反駁；好男不跟女鬥，他的威風不便對個婦人拿出來。他提起李四爺。大赤包又發了話：

「叫他來！跑腿是他的事！他敢不來，我會把他們老兩口子都交給日本人！白巡長，我告訴你，辦事不能太心慈面善了。反正咱們辦的事，後面都有日本人兜著，還怕什麼呢！」大赤包稍稍停頓了一下，而後氣派極大的叫：「來呀！」男僕恭敬的走進來。

「去叫李四爺！告訴他，今天他不來，明天我請他下獄！聽明白沒有？去！」

李四爺一輩子沒有低過頭，今天卻低著頭走進了冠家。錢先生、祁瑞宣，他知道，都入過獄。小崔被砍了頭。他曉得日本人厲害，也曉得大赤包確是善於狐假虎威，欺壓良善。他在社會上已經混了幾十年，他知道好漢不要吃眼前虧。他的剛強、正直、急公好義，到今天，已經都沒了用。他須低頭去見一個臭婦人，好留著老命死在家裡，而不在獄裡挺了屍。他憤怒，但是無可如何。

一轉念頭，他又把頭稍稍抬高了一點。有他，他想，也許多少能幫助大家一些，不致完全挺耳受死的聽大赤包擺佈。

沒費話，他答應了去斂鐵。可是，他堅決的不同意折合現錢的辦法。「大家拿不出鐵來，他們自己去買；買貴買賤，都與咱們不相干。這樣，錢不由咱們過手，就落不了閒話！」「要是那樣，我就辭職不幹了！大家自己去買，何年何月才買得來呢？耽誤了期限，我吃不消！」曉荷半

惱的說。白巡長為了難。


李四爺堅決不讓步。


大赤包倒拐了彎兒：「好，李四爺你去辦吧。辦不好，咱們再另想主意。」在一轉眼珠之間，她已想好了主意：趕快去大量的收買廢鐵爛銅，而後提高了價錢，等大家來買。可是，她得到消息較遲。高亦陀，藍東陽們早已下了手，收買了碎銅爛鐵。


李四爺相當得意的由冠家走出來，他覺得他是戰勝了大赤包與冠曉荷。他通知了全胡同的人，明天他來收鐵。大家一見李老人出頭，心中都感到舒服。雖然獻鐵不是什麼好事，可是有李老人出來辦理，大家彷彿就忘了它本身的不合理。錢先生的小傳單所發生的效果只是教大家微微難過了一會兒而已。北平人是不會造反的。


祁老人和韻梅把家中所有的破鐵器都翻拾出來。每一件都沒有用處，可是每一件都好像又有點用處；即使有一兩件真的毫無用處，他們也從感情上找到不應隨便棄捨了

的原因。他們選擇，比較，而決定不了什麼。因為沒有決議，他們就談起來用鐵去造槍炮的狠毒與可惡。可是，談過之後，他們並沒有因憤恨而想反抗。相對歎了口氣，他們選定了一個破鐵鍋作為犧牲品。他們不單可惜這件曾經為他們服務過的器皿，而且可憐它，它是將要被改造為炮彈的。至於它變成了炮彈，把誰的腦袋打掉，他們就沒敢再深思多慮，而只由祁老人說了句：「連鐵鍋都別生在咱們這個年月呀！」作為結論。

全胡同裡的每一家都因了此事發生一點小小的波動。北平人彷彿又有了生氣。這點生氣並沒表現在憤怒與反抗上，而只表現了大家的無可奈何。大致的說，大家一上手總是因自家獻鐵，好教敵人多造些槍炮，來屠殺自家的人，而表示憤怒。過了一會兒，他們便忘了憤怒，而顧慮不交鐵的危險。於是，他們，也像祁老人似的，從家中每個角落，去搜揀那可以使他們免受懲罰的寶物。在搜索的時節，他們得到一些想不到的小小的幽默與慘笑，就好像在立冬以後，偶然在葦子梗裡發現了一個還活著的小蟲子似的。有的人明明記得在某個角落還有件鐵東西，及至因找不到而剛要發怒，才想起恰恰被自己已經換了梨膏糖吃。有的

人找到了一把破菜刀，和現在手下用的那把一比，才知道那把棄刀的鋼口更好一些，而把它又官復原職。這些小故典使他們忘了憤怒，而啼笑皆非的去設法找鐵；他們開始承認了這是必須作的事，正如同日本人命令他們領居住證，或見了日本軍人須深深鞠躬，一樣的理當遵照辦理。

在七號的雜院裡，幾乎沒有一家能一下子就湊出二斤鐵來的。在他們的屋子裡，幾乎找不到一件暫時保留的東西——有用的都用著呢，沒用的早已賣掉。收買碎銅爛鐵的販子，每天要在他們門外特別多吆喝幾聲。他們連炕洞搜索過了，也湊不上二斤鐵。他們必須去買。他們曉得李四爺的公正無私，不肯經手收錢。可是，及至一打聽，鐵價已在兩天之內每斤多漲了一塊錢，他們的心都發了涼。

同時，他們由正里長那裡聽到，正里長本意教大家可以按照兩塊五一斤獻錢，而副里長李四爺不同意。李四爺害了他們。一會兒的工夫，李四爺由眾望所歸變成了眾怒所歸的人。他們不去考慮冠曉荷是否有意挑撥是非，也不再想李老人過去對他們的好處，而只覺得用三塊錢去換一斤鐵——也許還買不到——純粹是李四爺一個人造的孽！

他們對日本人的一點憤怒，改了河道，全向李四爺沖蕩過來。有人公然的在槐樹下面咒罵老人了。

聽到了閒言閒語與咒罵，老人沒敢出來聲辯。他知道自己的確到了該死的時候了。他鬧不過日本人，也就鬧不過冠曉荷與大赤包，而且連平日的好友也向他翻了臉。坐在屋中，他只盼望出來一兩位替他爭理說話的人，一來是別人的話比自己的話更有力，二來是有人出來替他爭氣，總算他過去的急公好義都沒白費，到底在人們心中種下了一點根兒。

他算計著，孫七必定站在他這邊。不錯，孫七確是死恨日本人與冠家。可是孫七膽子不大，不敢惹七號的人。他盼望程長順會給他爭氣，而長順近來忙於辦自己的事，沒工夫多管別人的閒篇兒。小文為人也不錯，但是他依舊揣著手不多說多道。

盼來盼去，他把祁老人盼了來。祁老人拿著破鐵鍋，進門就說：「四爺，省得你跑一趟，我自己送來了。」

　　李四爺見到祁老人，像見了親弟兄，把前前後後，始末根由，一口氣都說了出來。

　　聽完李四爺的話，祁老人沉默了半天才說：「四爺，年月改了，人心也改了！別傷心吧，你我的四隻老眼睛看著他們的，看誰走的長遠！」

　　李四爺感慨著連連的點頭。

　　「大風大浪我們都經過，什麼苦處我們都受過，我們還怕這點閒言閒語？」祁老人一方面安慰著老朋友，一方面也表示出他們二老的經驗與身份。然後，兩個老人把多年的陳穀子爛芝麻都由記憶中翻拾出來，整整的談了一個半鐘頭。

　　四大媽由兩位老人在談話中才聽到獻鐵，與由獻鐵而來的一些糾紛。她是直筒子脾氣。假如平日對鄰居的求援，她是有求必應，現在聽到他們對「老東西」的攻擊，她也馬上想去聲討。她立刻要到七號去責罵那些忘恩負義的人。她什麼也不怕，只怕把「理」委屈在心裡。

　　兩位老人說好說歹的攔住了她。她只在給他們弄茶水的當兒，在院中高聲罵了幾句，像軍隊往遠處放炮示威那樣；燒好了水，她便進到屋中，參加他們的談話。

　　這時候，七號的，還有別的院子的人，都到冠家去獻金，一來是為給李四爺一點難堪，二來是冠家只按兩塊五一斤收價。

　　冠曉荷並沒有賠錢，雖然外邊的鐵價已很快的由三塊漲到三塊四。大赤包按著高亦陀的脖子，強買——仍按兩塊錢一斤算——過來他所囤積的一部分鐵來。

　　「得！賺得不多，可總算開了個小小利市！」冠曉荷相當得意的說。

第五十八章

　　招弟才只學會了兩齣戲，一齣《汾河灣》，一齣《紅鸞禧》。她相當的聰明，但是心像一條小死魚似的，有一陣風兒便順流而下，跑出好遠。她不肯死下工夫學習一樣事。她的總目的是享受。享受恰好是沒有邊際的：吃是享受，喝也是享受；戀愛是享受，唱幾句戲，得點虛榮，也是享受。她要全享受一下。別人去溜冰，她沒有去，她便覺得委屈了自己，而落幾個小眼淚。可是，她又不能參加一切的熱鬧，她第一沒有分身術，第二還沒征服了時間，能教時間老等著她。於是，她只能盡可能的把自己分配在時間裡，像鐘錶上的秒針似的一天到晚不閒著。

　　這樣，她可又招來許多小小的煩惱。她去溜冰，便耽誤了學戲。而且，若是在冰場上受了一點寒，嗓子就立刻發啞，無論胡琴怎麼低，她也夠不上調，急得遍體生津。同樣的，假若三個男朋友一個約她看電影，一個約她看戲，一個約她逛公園吃飯，她就不能同時分身到三處去，而一定感到困難。若是辭謝兩個吧，便得罪了兩個朋友。若是

只看半場電影，然後再看一齣戲，最後去吃飯吧，便又須
費許多唇舌，扯許多的謊，而且還許把三個朋友都得罪了。
況且，這麼匆匆的跑來跑去也太勞苦。愛的享受往往是要
完全佔有，而不是東撲一下，西撲一下呀。它有時候是要
在僻靜的地方，閉著眼欣賞，而不是鑼鼓喧天的事呀。她
有時候幾乎想到斷絕了看電影、聽戲、逛公園、吃飯館，
而只專愛一個男友，把戀愛真作成個樣子，不要那麼擺成
一座愛的八陣圖。可是，她又捨不得那些熱鬧。那些熱鬧
到底給她一些刺激。假若她被圈在西山碧雲寺，沒有電影、
戲劇、鑼鼓、叫囂，儘管身邊有個極可愛的愛人，恐怕她
也會發瘋的，她想。過多的享受會使享受變成刺激，而刺
激是越來越粗暴的。以聽戲說，她慢慢的能欣賞了小生，
因為小生的尖嗓比青衣的更直硬一些，更刺耳一些。她也
愛聽了武戲，而且不是楊小樓的武戲文唱的那一種，她喜
歡了《紅門寺》、《鐵公雞》、《青石洞》一類的，毫無
情節，而專表現武工的戲。鑼鼓越響，她才感到一點愉快；
遇到《彩樓配》與《祭塔》什麼的唱工戲，她會打起瞌睡
來。連電影也是如此，她愛看那些無情無理的，亂打亂鬧
的片子。只有亂打亂鬧，才能給她一點印象，她需要強烈
的刺激。

對於男朋友們，她也往往感到厭煩。他們總不約而同的耍那套不疼不癢的小把戲。他們之中沒有一個李空山。因為厭煩他們，她時時的想念李空山。李空山不會溫柔體貼，可是給了她一些刺激。她可也不敢由他們之中，選擇出一個，製造成個李空山。她須享受，可也得留神；一有了娃娃便萬事皆休。再說，專愛一個男人，別的男人就一定不再送給她禮物，這也是損失。她只好昏昏糊糊的鬼混，她得到了一切，又似乎沒得到一切，連她自己也弄不清到底是怎回事。在迷迷糊糊之中，有時候很偶然的她看出來，她是理應如此，因為她是負著什麼一種使命，一種從日本人佔據了北平後所得來的使命。她自己願意這樣，朋友們願意她這樣，她的父母也願意她這樣；這不是使命還是什麼呢？

在她的一些男友之中，較比的倒是新交的幾個伶人還使她滿意。他們的身體強，行動輕佻，言語粗俗。和他們在一處，她幾乎可以忘了她是個女人，而誰也不臉紅的把村話說出來。她覺得這頗健康。

男人捧女伶，女人捧男伶，已經成為風氣，本來不足為奇。不過，她的朋友們往往指摘她不該結交男伶。這又給她不少的苦痛。凡是別人可以作的，她也都可以作，她是負有「使命」的人，不能甘居人後的落伍。她為什麼不可以與男伶為友呢？同時，她又不敢公然的和朋友們開火，絕對不接受他們的批評。她是有「使命」的人，她須到處受人歡迎，好把自己老擺在社會的最前面。她不能隨便得罪人，以至招出個倒彩來。

她忙碌、迷糊、勞累；又須算計，又不便多算計；既須大膽，又該留神；感到茫然，又似乎不完全茫然；有了刺激，又仍然空虛。她不知道怎樣才好，又覺得怎樣都好。她瘦了。在不搽粉的時候，她的臉上顯著黃暗，眼睛四圍有個黑圈兒。她有時候想休息休息，而又不能休息，事情逼著她去活動。她不知道自己有病沒有，而只感到有時候是在霧裡飄動。等到搽胭脂抹粉的打扮完了，她又有了自信，她還是很強壯，很漂亮，一點都不必顧慮什麼健康不健康。她學會了吸香煙，也敢喝兩杯強烈的酒。她已找不到了自己的青春，可也並不老蒼。她正好是個有精力，有使命，有人緣，有福氣的小婦人。

在這麼奔忙、勞碌、迷惘、得意、痛苦、快樂之中，她只無意中的作了一件好事，她救了桐芳。

為避免，或延緩，墜入煙花的危險，桐芳用盡心計抓住了二小姐，她並不十分的恨惡招弟，也不想因鼓勵招弟去胡搞而毀滅了招弟。她是被人毀害過了的女人，她不忍看任何的青春女子變成她自己的樣子。她只深恨大赤包與日本人。她不能坐候大赤包把她驅逐到妓院去，一入妓院，她便無法再報仇。所以，她抓住了招弟作為自己的掩蔽。在掩蔽的後面，她只能用力推著它，還給它時時的添加一點土，或幾根木頭，加強它的抵禦力。她不能冷水澆頭的勸告招弟，引起招弟的不快；招弟一討厭了她，她便失去了掩蔽，而大赤包的槍彈隨時可以打到她。

招弟年輕，喜歡人家服從她，諂媚她。在最初，她似乎也看出來，桐芳的親善是一種政略。可是，過了幾天，以桐芳的能說會道，多知多懂，善於察顏觀色，她感到了舒服，也就相信桐芳是真心和她交好了。又過了些日子。她不知不覺的信任了桐芳，而對媽媽漸次冷淡起來。不錯，

她知道媽媽真的愛她；但是，她已經不是三歲的小娃子，她願意自己也可以拿一個半個主意，不能諸事都由媽媽替她決定。她不願永遠作媽媽的附屬物。拿件小事情來說：她與媽媽一同出去的時候，就是遇上她自己的青年朋友，他們也必先招呼媽媽，而後才招呼她。她在媽媽旁邊，彷彿只是媽媽的成績展覽品；她的美麗恰好是媽媽的功勞，她自己好像沒有獨自應得的光榮。反之，她若跟桐芳在一起呢，她便是主，而桐芳是賓，她是太陽，而桐芳是月亮了。她覺得舒服。她的話，對桐芳，可以成為命令。她拿不定主意的時候，可以向桐芳商議，而這種商談只顯出親密，與接受命令大不相同。和桐芳在一起，她的光榮確乎完全是她自己的了。而且，桐芳的年紀比媽媽小得多，相貌也還看得過去，所以跟桐芳一塊兒出來進去，她就感到她是初月，而桐芳是月鉤旁的一顆小星，更足以使畫面美麗。跟媽媽在一道呢，人們看一眼老氣橫秋的媽媽，再看一眼美似春花的她，就難免不發笑，像看一張滑稽影片似的。這每每教她面紅過耳。

大赤包的眼睛是不揉沙子的。她一眼便看明白桐芳的用意。可是眼睛不揉沙子的人，心裡可未必不容納幾個沙

子。她認準了招弟是異寶奇珍，將來一定可以變成楊貴妃或西太后。一方面她須控制住這個寶貝，一方面也得討小姐的喜歡。假若母女之間為桐芳而發生了衝突，女兒一氣而嫁個不三不四的，長像漂亮而家裡沒有一斗白米的兔蛋，豈不是自己打碎了自己的瑪瑙盤子翡翠碗麼？不，她不能不網開一面，教小姐在小處得到舒服，而後在大事上好不得不依從媽媽。再說，女兒花是開不久的，招弟必須在全盛時代出了嫁。女兒出嫁後，她再收拾桐芳。不管，不管怎樣，不管到什麼時候，她必須收拾了桐芳；就是到了七老八十，眼看要入墓了，她也得先收拾了桐芳，而後才能死得瞑目。

　　在這種新的形勢下，卻只苦了高第。她得不到媽媽的疼愛，看不上妹妹的行為，又失去了桐芳的友情。不錯，她瞭解桐芳的故意冷淡她，但是理智並不能夠完全戰勝了感情。她是個女孩子，她需要戀愛或憐愛。她現在是住在冰窖裡，到處都是涼的，她受不了。她有時候恨自己，為什麼不放開膽子，闖出北平。有時候，她也想到用結婚結束了這冰窖裡的生活。但是，嫁給誰呢？想到結婚，她便也想到危險，因為結婚並不永遠像吃魚肝油精那麼有益無

損。她在家，便感到冷氣襲人；出去，又感到茫茫不知所歸。浪漫吧，怕危險；老實吧，又無聊。她不知怎樣才好。她時常發脾氣，甚至於對桐芳發怒。但是，脾氣越壞，大家就越不喜歡她，只落個自討無趣。不發脾氣吧，人們也並不就體貼她。她變成個有父母姐妹的孤女。有時候，她還到什麼慈善團體去，聽聽說經，隨緣禮拜。可是這也並沒使她得到寧靜與解脫。反之，在鐘磬香燭的空氣裡冷靜一會兒之後，她就更盼望得到點刺激，很像吃了冷酒之後想喝熱茶那樣。無可如何，她只能偷偷的落幾個淚。

天冷起來。買不到煤。每天，街上總有許多凍死的人。日本人把煤都運了走，可是還要表示出他們的善心來。他們發動了冬季義賑遊藝大會，以全部收入辦理粥廠，好教該凍死的人在一息尚存的時節感激日本人。在這意義之外，他們也就手兒又教北平人多消遣一次；消遣便是麻醉。該凍死的總要凍死，他們可是願意看那些還不至於被凍死的聽到鑼鼓，看到熱鬧，好把心靈凍上。對於這次義賑遊藝，他們特別鼓勵青年們加入，能唱的要出來唱，能耍的要出來耍；青年男女若注意到唱與耍，便自然的忘了什麼民族與國家。

藍東陽與胖菊子親自來請招弟小姐參加遊藝。冠家的人們馬上感到興奮，心都跳得很快。冠曉荷心跳著而故作鎮定的說：

「小姐，小姐！時機到了，這回非唱它一兩齣不可！」招弟立刻覺得嗓子有點發乾，撒著嬌兒說：「那不行啊！又有好幾天沒吊嗓子啦，詞兒也不熟。上台？我不能丟那個人去！我還是溜冰吧！」

「丟人？什麼話！咱們冠家永遠不作丟人的事，我的小姐！誰的嗓子也不是鐵的，都有個方便不方便。只要你肯上台，就是放個屁給他們聽聽，也得紅！反正戲票是先派出去的，咱們唱好了，是他們的造化；唱不好，活該！」曉荷興奮得幾乎忘了文雅，目光四射的道出他的「不負責主義」的真理。「是要唱一回！」大赤包氣派極大的說：「學了這麼多的日子，花了那麼多的錢，不露一露算怎麼回事呢？」然後轉向東陽：「東陽，事情我們答應下了！不過，有一個條件：招弟必須唱壓軸！不管有什麼角色，都得讓一步兒！我的女兒不能給別人墊戲！」

東陽對於辦義務戲已經有了點經驗。他知道招弟沒有唱壓軸的資格，但是也知道日本人喜歡約出新人物來。扯了扯綠臉，他答應了條件。雖然這裡面有許多困難，他可是曉得在辦不通的時候可以用勢力——日本人的勢力——去強迫參加的人。於是他也順手兒露一露自己的威風：

「我教誰唱開場，誰就得唱開場；教誰壓台誰就壓台；不論什麼資格，本事！不服？跟日本人說去呀！敢去才怪！」

「行頭怎辦呢？我反正不能隨便從『箱』裡提溜出一件就披在身上！要玩，就得玩出個樣兒來！」招弟一邊說，一邊用手心輕輕的拍著臉蛋。

高亦陀從外面進來，正聽到招弟的話，很自然的把話接過去：「找行頭，小姐？交給我好啦！要什麼樣的，全聽小姐一聲吩咐，保管滿意！」他今天打扮得特別乾淨整齊，十分像個「跟包」的。

打量了亦陀一眼，招弟笑了笑。「好啦，我派你作跟包的！」「得令！」亦陀十分得意的答應了這個美差。

　　曉荷瞪了亦陀一眼。他自己本想給女兒跟包，好隨著她在後台擠出擠進，能多看看女角兒們。在她上台的時節，他還可以弄個小茶壺伺候女兒飲場，以便教台下的人都能看到他。誰知道，這麼好的差事又被亦陀搶了去！

　　「我看哪，」曉荷想減少一些亦陀報效的機會，「咱們楞自己作一身新的，不要去借。好財買臉的事，要作就作到了家！」招弟拍開了手。她平日總以為爸爸不過是媽媽配角兒，平平穩穩的，沒有什麼大毛病，可也不會得個滿堂好兒。今天，爸爸可是像忽然有了腦子，說出她自己要說的話來。「爸爸！真的，自己作一身行頭，夠多麼好玩呀！是的，那夠多麼好玩呀！」她一點也沒想到一身行頭要用多少錢。

　　大赤包也願意女兒把風頭出得十足，不過她知道一身行頭要花許多錢，而且除了在台上穿，別無用處。眨一眨眼，她有了主意：「招弟，你老誇嘴，說你的朋友多，現在到用著他們的時候了，看看他們有沒有替你辦點事兒的本事！」招弟又得到了靈感：「對！對！我告訴他們去，我要唱戲，作行頭，看他們肯掏掏腰包不肯。他們要是不

肯呀，從此我連用眼角都不再看他們一眼。我又不是他媽
的野丫頭，賤骨頭，隨便白陪著他們玩！」把村話說出來，
她覺得怪痛快，而且彷彿有點正義感似的。

「小姐！小姐！」曉荷連連的叫：「你的字眼兒可不
大文雅！」「還有頭面呢！」亦陀失去代借行頭的機會，
趕快想出補救的辦法來。「要是一身新行頭，配上舊頭面，
那才難看得要命。我去借，要點翠的，十成新的，準保配
得上新行頭！」

把行頭與頭面的問題都討論得差不多了，大赤包主張
馬上叫來小文給招弟過一過戲。「光有好行頭，好頭面，
而一聲唱不出來，也不行吧？小姐，你馬上就得用功喲！」
她派人去叫小文。

小文有小文的身份。你到他家去，他總很客氣的招待；
你叫他帶著胡琴找你來，他伺候不著。

大赤包看叫不來小文，立刻變了臉。東陽的臉也扯得
十分生動，很想用他的片子把小文「傳」來。倒是招弟攔

住了他們：「別胡鬧！人家小文是北平數一數二的琴師！你們殺了他，他也不會來！只要有他，我就砸不了；沒他呀，我準玩完！算了吧，咱們先打幾圈吧！」

東陽還有事，大赤包還有事，胖菊子也還有事。可是中國人的事一遇見麻雀也不怎麼就變成了沒事，大家很快的入了座。

亦陀在大赤包背後看了兩把歪脖子胡，輕輕的溜出去。他去找程長順。

生活的困苦會強迫著人早熟。長順兒長了一點身量，也增長了更多的老氣，看著很像個成人了。自從小崔死後，他就跟丁約翰合作，作了個小生意。這個小生意很奇特而骯髒。丁約翰是發現者。在英國府，他常看到街上一大車一大車的往日本使館和兵營拉舊布的軍服。軍服分明是棉的，因為上下身都那麼厚墩墩的。可是，份量很輕，每一車都堆得很高，而拉車的人或馬似乎並不很吃力。這引起他的好奇心。他找了個在日本軍營作工友的打聽打聽。那個工友是他的朋友——在使館區作工友的都自成一幫——

可是不肯痛痛快快的告訴他那到底是怎回事。丁約翰，身為英國府的擺台的，當然有些看不起在日本軍營作工友的朋友，本想揚著臉走開，不再探問。可是，福至心靈，他約那個朋友去喝兩杯酒。以一個世襲基督教徒而言，他向來反對吃酒；但是，為了滿足自己的好奇心，他只好對上帝告個便。

酒果然有靈驗，三杯下去，那個朋友口吐了真言。那是這樣一回事：日本在華北招收了許多偽軍，到了冬天當然要給他們每人一身棉軍衣。可是，華北的棉花已都被日本人運回國去，不能為偽軍再運回來。於是日本的策士們埋頭研究了許多日子，發明了一種代用品。這種代用品無須用機器造，也無須在上海或天津定做，而只需要一些破布與爛紙就能作成。這就是丁約翰所看到的一車一車的軍衣。這種軍衣一碰就破，一濕就癱；就是在最完好的時候，穿上也不擋寒。雖然如此，偽軍可是到底得著了軍衣——日本人管它叫作軍衣，它便是軍衣。

這批軍衣的承做者是個日本人。日本人使館的工友們賄賂了這日本人，取得了特權去委託他們自己的親友製作。

那位朋友也便是得到特權的一個。

　　丁約翰向來看不起日本人，不為別的，而只為他自己是在英國府作事——他以為英國府的一個僕人也比日本使館的參贊或秘書還要高貴的多。對於這件以爛紙破布作軍服的事，從他的基督徒的立場來說，也是違反上帝的旨意的，因為這是欺騙。無論從哪方面看吧，他都應該對這件事不發生興趣，而只付之一笑。但是，他到底是個人；人若見了錢而還不忘了英國府與上帝，還成為人麼？他決定作個人，即便是把靈魂交給了魔鬼。況且他覺得這樣賺幾個錢，並不能算犯罪，因為他賺的是日本人的錢。至於由他手裡製造出那種軍服的代用品，是否對得起那些兵士們，他以為無須考慮，因為偽軍都是中國人，而他是向來不把中國人放在心上的。

　　整花了十天的工夫，他和那個朋友變成了莫逆。凡是該往冠家送的黃油，罐頭，與白蘭地，都送到那個朋友的家中去。這樣，他分到了一小股特權，承辦一千套軍衣。得到這點特權之後，他十分虔敬的作了禮拜，領了聖餐，並且獻了五角錢，（平日作禮拜，他只獻一角，）感謝上

帝。然後,他決定找長順合作,因為在全胡同之中只有長順最誠實,而且和他有來往。

　　約翰的辦法是這樣的:他先預支一點錢,作為資本。然後,他教長順去收買破布,破衣服,和爛紙。破衣服若是棉的,便將棉花抽出來,整理好再賣出去。賣舊棉花的利錢,他和長順三七分賬;他七成,長順三成。這不大公平,但是他以為長順既是個孩子,當然不能和一個成人,況且是世襲基督徒,平分秋色。把破布破衣服買來,須由長順洗刷乾淨,而後拼到一塊——「你的外婆總會作這個的,找小崔寡婦幫幫忙也行;總之,這是你的事,你怎辦怎好。」拼好了破布,把爛紙絮在裡面——「紙不要弄平了,那既費料子,又顯著單薄,頂好就那麼團團著放進去,好顯出很厚實;份量也輕,省腳力。」絮好,粗枝大葉的一縫,再橫豎都「行」上幾道,省得用手一提,紙就都往下面墜,變成了破紙口袋。「這些,」約翰懇切的囑咐:「都由你作。你跑路,用水,用針線,幹活兒,我都不管;每套作成,我給你一塊錢。一千套就是一千塊呀!你可是得有賬。我交給你多少錢,用了多少錢——只算買材料喲,車錢,水錢什麼的,都不算喲!——你每天要報賬;我不

在家，你報給我太太聽。賬目清楚，軍衣作得好，我才能每套給你一塊錢；哪樣有毛病，我都扣你的錢，聽明白了沒有？我是基督徒，作事最清楚公道，親是親，財是財，要分得明明白白！你懂？」這末兩個字是用英文說的，以便增加言語的威力。

沒詳細考慮，程長順一下子都答應了。他顧不得計算除了車錢，水錢，燈油錢，針線錢，一塊錢還能剩下多少。他顧不得盤算，去收買，去整理，去洗刷，去拼湊，去縫起，去記賬，要出多少勞力，費多少時間。他只看見了遠遠的那一千元。他只覺得這可以解決了他與外婆的生活問題。自從留聲機沒人再聽，外婆的法幣丟掉之後，他不單失了業，而且受到饑寒的威脅。他久想作個小生意，可是一來沒有資本，二來對什麼都外行，他不肯冒險去借錢作生意，萬一捨了本兒，他怎麼辦呢？他是外婆養大的，知道謹慎小心。可是，閒著又沒法兒得到吃食，他著急。半夜裡聽到外婆的長吁短歎，他往往蒙上頭偷偷的落淚。他對不起外婆，外婆白養起他來，外婆只養大了一個廢物！

他想不到去計算，或探聽，丁約翰空手抓餅，不跑一

步路,不動一個手指,乾賺多少錢。他只覺得應該感激約翰。約翰有個上帝,所以約翰應當發財。長順也得到了個上帝,便是丁約翰!他須一秉忠心的去作,一個銅板的詭病不能有,一點也不偷懶,好對起外婆與新來的上帝!

長順忙了起來。一黑早他便起來,到早市上去收買破布爛紙,把它們背了回來。那些破爛的本身雖然沒有很大的份量,可是上面的泥污增加了它們的斤兩,他咬著牙背負它們,非至萬不得已,決不僱車,他的汗濕透了他的衣褲。他可是毫無怨言,這是求生之道,這也是孝敬外婆的最好的表示。

把東西死扯活掖的弄到家中,他須在地上蹲好大半天才能直起腰來。他本當到床上躺一會兒,可是他不肯,他不能教外婆看出他已筋疲力盡,而招她傷心。

這些破東西,每一片段都有它特立獨行的味道;合在一起,那味道便無可形容,而永遠使人噁心要吐。因此,長順不許外婆動手,而由他自己作第一遍的整理。他曉得外婆愛乾淨。

第一，他須用根棍子敲打它們一遍，把浮土打起來。第二，他再逐一的撿起來，抖一抖，抖去沙土，也順手兒看看，哪一塊上的污垢是非過水不能去掉的。第三，他須把應洗刷的浸在頭號的大瓦盆裡。第四，把髒布都浸透，他再另用一大盆清水，刷洗它們。而後，第五，他把大塊的小塊的，長的短的，年齡可是都差不多的，搭在繩索上，把它們曬乾。

這打土與抖土的工作，使四號的小院子馬上變成一座沙陣，對面不見人，像有幾匹野馬同時在土窩裡打滾似的。灰土遮住了一切，連屋脊上門樓上都沙霧迷茫，把簷下的麻雀都害得不住的咳嗽而搬了家。這沙陣不單濃厚，而且腥臭，連隔壁的李四大媽的鼻子都懷疑了自己，一勁兒往四處探索，而斷定不了到底那是什麼味道。打完一陣，細的灰沙極其逍遙自在的在空中搖蕩，而後找好了地方，落在人的頭髮上、眉毛上、脖領裡、飯碗上、衣縫中，使大家證明自己的確是「塵世間」的人物。等灰土全慢慢的落下去，長順用棍子抽打抽打自己的身上，馬上院中就又起了一座規模較小，而照樣惱人的，灰陣。他的牙上都滿是

細——可是並非不臭——的沙子。

馬老太太，因為喜歡乾淨，實在受不住外孫這樣天天設擺迷魂陣。她把門窗都堵得嚴嚴的，可是臭灰依然落在她的頭上、眉上、衣服上，與一切傢具上。可是，她不能攔阻外孫，更不肯責備他。他的確是要強，為養活她才起早睡晚的作這個髒臭的營生。她只好用手帕把頭包起來，隨手的擦抹桌凳。聽著外孫抖完了那些髒布，她趕快扯下來頭上的手帕，免得教外孫看見而多心。

小崔太太當然也躲不開這個災難，她可是也一聲不出。她這些日子的生活費是長順給她弄來的。她只能感激他，不能因為一些臭灰沙而說閒話。金錢而外，她需要安慰與愛護，而馬老太太與長順是無微不至的體貼她，幫助她。她睜開眼，世上已沒有一個親人。她雖有個親哥哥，可是他不大要強。他什麼事都作，只是不作好事。假若他知道了她每月能由高亦陀那裡領十塊錢，他必會來擠去三四塊；他只認識錢，不管什麼叫同胞手足。近來，她聽說，他已經給日本人作了事。她恨日本人，日本人無緣無故的砍去了她丈夫的頭。因此，她更不願意和給日本人作事的哥哥

有什麼來往。兄妹既斷絕了往來，她的世界上只剩了她自己，假若沒有馬老太太與長順，她實在不曉得自己怎麼活下去。不，她決定不能嫌憎那些臭灰。反之，她須幫助長順去工作。長順給她工錢呢，她接著；不給呢，也沒多大關係。

在小崔被李四爺抬埋了以後，她病了一大場。她不吃不喝，而只一天到晚的昏睡，有時候發高燒。在發燒的時節，她喊叫小崔，或破口罵日本人。燒過去了一陣，她老實了，鼻翅扇動著，昏昏的睡去。馬老太太，在小崔活著的時候，並不和小崔太太怎樣親近，一來是因為小崔好罵人，她聽不慣；二來是小崔夫婦總算是一家人，而她自己不過是個老寡婦，也不便多管閒事。及至小崔太太也忽然的變成寡婦，馬老太太很自然的把同情心不折不扣的都拿出來。她時時的過來，給小崔太太倒碗開水，或端過一點粥來，在小崔太太亂嚷亂叫的時節，老太太必定過來拉著病人的手。趕到她鬧得太凶了，老太太才把李四媽請過來商議辦法。等她昏昏的睡去，老太太還不時的到窗外，聽一聽動靜。此外，老太太還和李四媽把兩個人所有的醫藥知識湊在一處，斟酌點草藥或偏方，給小崔太太吃。

時間、偏方、與情義，慢慢的把小崔太太治好。她還忘不了小崔，但是時間把小崔與她界劃得十分清楚了，小崔已死，她還活著──而且還須活下去。

在她剛剛能走路的時候，她力逼著李四大爺帶她去看看小崔的墳。穿上孝袍，拿著二角錢的燒紙，她滴著淚，像一頭剛會走路的羊羔似的跟在四大爺的後邊，淚由家中一直滴到先農壇的西邊。在墳上，她哭得死去活來。

淚灑淨了，她開始注意到吃飯喝水和其他的日常瑣事。她的身體本來不壞，所以恢復得相當的快。由李四媽陪伴著，她穿著孝衣，在各家門口給幫過她忙與錢的鄰居都道了謝。這使她又來到世界上，承認了自己是要繼續活下去的。

李四爺和孫七、長順，給募的那點錢，並沒用完，老人對著孫七與長順，把餘款交給了她。長順兒又每月由高亦陀那裡給她領十元的「救濟費」。她一時不至於挨餓受凍。

　　慢慢的，她把屋子整理得乾乾淨淨，不再像小崔活著的時候那麼亂七八糟了。她開始明白馬老太太為什麼那樣的喜清潔——馬老太太是寡婦，喜清潔會使寡婦有點事作。把屋子收拾乾淨，她得到一點快樂，雖然死了丈夫，可是屋中倒有了秩序。不過，在這有秩序的屋子中坐定，她又感到空虛。不錯，那點兒破桌子爛板凳確是被她擦洗得有了光澤，甚至於像有了生命；可是它們不會像小崔那樣歡蹦亂跳，那樣有火力。對著靜靜的破桌椅，她想起小崔的一切。小崔的愛，小崔的汗味，小崔的亂說，小崔的胡鬧，都是好的；無論如何，小崔也比這些死的東西好。屋中越有秩序，屋子好像就越空闊，屋中的四角彷彿都加寬了許多，哪裡都可以容她立一會兒，或坐一會兒，可是不論是立著還是坐著，她都覺得冷靜寂寞，而沒法子不想念小崔。小崔，在活著的時候，也許進門就跟她吵鬧一陣，甚至於打她一頓。但是，那會使她心跳，使她忍受或反抗，那是生命。現在，她的心無須再跳了，可是她喪失了生命；小崔完全死了，她死了一半。

　　她的身上也比從前整齊了好多。她有工夫檢點自己，

和照顧自己了。以前，她彷彿不知道有自己，而只知道小崔。她須作好了飯——假若有米的話——等著小崔，省得小崔進門就像饑狼似的喊餓。假若作好了飯，而他還沒有回來，她得設法保持飯菜的熱氣，不能給他冷飯吃。他的衣服，當天換上，當天就被汗漚透，非馬上洗滌不可，而他的衣服又是那麼少，遇上陰天或落雨就須設法把它們烘乾。他的鞋襪是那麼容易穿壞，彷彿腳上有幾個鋼齒似的。一眨眼就會鑽幾個洞。她須馬不停蹄的給他縫補，給他製做。她的工夫完全用在他的身上，顧不得照顧她自己。現在，她開始看她自己了，不再教褂子露著肉，或襪子帶著窟窿。身上的整潔恢復了她的青春，她不再是個受氣包兒與小泥鬼，而是個相當體面的小婦人了。可是，青春只回來一部分，她的心裡並沒感到溫暖。她的臉上只是那麼黃黃的很乾淨，而沒有青春的血色。她不肯愁眉皺眼的，一天到晚的長吁短歎，可是有時候發呆，楞著看她自己的褂子或布鞋。她彷彿不認識了自己。這相當體面，潔淨的她，倒好像是另一個人。她還是小崔太太，又不是小崔太太。她不知到底自己是誰。楞著，楞著，她會不知不覺的自言自語起來。及至意識到自己是在說話，她忽然的紅了臉，閉緊了嘴，而想趕快找點事作。但是，幹什麼呢？她想不

出。小崔若活著，她老有事作；現在，沒有了小崔，她也就失去了生活的發動機。她還年輕，可是又彷彿已被黃土埋上了一半。

無論怎樣無聊，她也不肯到街門口去站立一會兒。非至萬不得已，她也不到街上去；買塊豆腐，或打一兩香油什麼的，她會懇託長順給捎來。她是寡婦，不能隨便的出頭露面，給小崔丟人。就是偶然的上一趟街，她也總是低著頭，直來直去，不敢貪熱鬧。憑她的年齡，她應當蹦蹦跳跳的，但是，她必須低著頭；她已不是她自己，而是小崔的寡婦。她的低頭疾走是對死去的丈夫負責，不是心中有什麼對不起人的事。一個寡婦的責任是自己要活著，還要老背著一塊棺材板。這，她才明白了馬老太太為什麼那樣的謹慎，沉穩。對她，小崔的死亡，差不多是一種新的教育與訓練。她必須非常的警覺，把自己真變成個寡婦。以前，她幾乎沒有考慮過，她有什麼人格，和應當避諱什麼。她就是她，她是小崔的老婆。小崔拉她出來，在門外打一頓，就打一頓；她能還手，就還給他幾拳，或咬住他的一塊肉；這都沒有什麼可恥的地方。小崔給她招來恥辱，也替她撐持恥辱。她的褂子露著一塊肉，就露著一塊肉，

沒關係；小崔會，彷彿是，遮住那塊肉，不許別人多看她一眼。如今，她可須知道恥辱，須遮起她的身體。她是寡婦，也就必須覺到自己是個寡婦。寡婦的世界只是一間小小的黑暗的牢房，她須自動的把自己鎖在那裡面。

因此，她不單不敢抱怨長順兒擺起灰沙陣，而且覺得從此可以不再寂寞。她願意幫馬老太太的忙。長順兒自然不肯教她白幫忙，他願出二角錢，作為縫好一身「軍衣」的報酬；針線由他供給，小崔太太沒有謝絕這點報酬，也沒有嫌少；她一撲納心的去操作。這樣，她可以不出門，而有點收入與工作，恰好足以表示出她是安分守己的，不偷懶的寡婦。

孫七，也是愛潔淨的人，沒法忍受這樣的烏煙瘴氣。他發了脾氣。「我說長順兒，這是怎回事？你老大不小的了，怎麼才學會了撒土攘煙兒呀？這成什麼話呢，你看看，」他由耳中掏出一小塊泥餅來，「你看看，連耳朵裡都可以種麥子啦！還腥臭啊！灰土散了之後，可倒好，你又開了小染房，花紅柳綠的掛這麼一院子破布條！我頂討厭這濕漉漉的東西碰我的腦袋！」

　　長順確是老練多了。擱在往日，他一定要和孫七辯論個水落石出；他一來看不起孫七，二來是年輕氣壯，不惜為辯論而辯論的作一番舌戰。今天，他可是閉住了嘴，決定一聲不響。第一，他須保守秘密，不能山嚷鬼叫的宣佈自己的「特權」；好傢伙，要教別人都知道了，自己的一千元不就動搖了麼？第二，他以為自己已是興家創業的人，差不多可以與祁老人和李四爺立在一塊兒了，怎好因並不住嘴而耽誤了工夫呢？孫七說閒話，由他說去吧；掙錢是最要緊的事。是的，他近來連打日本人的事都不大關心了，何況是孫七這點閒話呢。他沉住了氣，連看孫七一眼也沒看。反正，他知道，自己賣力氣掙錢，養活外婆，總不是丟臉的事；幹嗎辯論呢？可是，他越不出聲，孫七就越沒結沒完。孫七喜歡拌嘴；假若長順能和他粗著脖子紅著筋的亂吵一陣，他或者可以把這場破布官司忘掉，而從爭辯中得到點愉快。長順的一語不發，對於他，是最慘酷的報復。

　　幸而，馬老太太與小崔太太，一老一少兩位寡婦，出來給他道歉，他才鳴金收兵。

這樣對付了孫七，長順暗中非常得意。他有了自信心。他不單已經不是個只會背著留聲機在小胡同裡亂轉，時常被人取笑的孩子，而且變成個有辦法，有心路，有志氣的青年。什麼孫七孫八的，他才不惹閒氣。有一千元到手，他將是個──是個什麼呢？他想不出。可是，他總會變成比今天更好的人是不會錯的。

高亦陀找了他來。他完了。他對付不了高亦陀。他不單還是個孩子，而且是個傻蛋！他失去了自信。

第五十九章


　　天祐老頭兒簡直不知道怎麼辦好了。他是掌櫃的，他有權調動，處理，舖子中的一切。但是，現在他好像變成毫無作用，只會白吃三頓飯的人。冬天到了，正是大家添冬衣的時節，他卻買不到棉花，買不到布匹。買不進來，自然就沒有東西可賣，十個照顧主兒進來，倒有七八個空手出去的。當初，他是在北平學的徒；現在，他是在北平領著徒。他所學的，和所教給別人的，首要的是規矩客氣，而規矩客氣的目的是在使照顧主兒本想買一個，而買了兩個或三個；本想買白的，而也將就了灰的。顧客若是空著手出去，便是舖子的失敗。現在，天祐天天看見空手出去的人，而且不止一個。他沒有多少東西可賣。即使人家想多買，他也拿不出來。即使店伙的規矩客氣，可以使買主兒活了心，將就了顏色與花樣，他也沒有足以代替的東西；白布或者可以代替灰布，但是白布不能代替青緞。他的規矩客氣已失去了作用。


　　舖中只有那麼一些貨，越賣越少，越少越顯著寒傖。

在往日，他的貨架子上，一格一格的都擺著折得整整齊齊的各色的布，藍的是藍的，白的是白的，都那麼厚厚的，嶄新的，安靜的，溫暖的，擺列著；有的發著點藍靛的溫和的味道，有的發著些悅目的光澤。天祐坐在靠進舖門的，覆著厚藍布棉墊子的大凳上，看著格子中的貨，聞著那點藍靛的味道，不由的便覺到舒服，愉快。那是貨物，也便是資本；那能生利，但也包括著信用、經營、規矩等等。即使在狂風暴雨的日子，一天不一定有一個買主，也沒有多大關係。貨物不會被狂風吹走，暴雨衝去；只要有貨，遲早必遇見識貨的人，用不著憂慮。在他的大凳子的盡頭，總有兩大席簍子棉花，雪白，柔軟，暖和，使他心裡發亮。

一斜眼，他可以看到內櫃的一半。雖然他的主要的生意是布匹，他可是也有個看得過眼的內櫃，陳列著綾羅綢緞。這些細貨有的是用棉紙包著斜立在玻璃櫥裡，有的是折好平放在矮玻璃櫃子裡的。這裡，不像外櫃那樣樸素，而另有一種情調，每一種貨都有它的光澤與尊嚴，使他想像到蘇杭的溫柔華麗，想像到人生的最快樂的時刻——假若他的老父親慶八十大壽，不是要做一件紫的或深藍或古銅色的，大緞子夾袍麼？哪一對新婚夫婦不要穿上件絲織

品的衣服呢？一看到內櫃，他不單想到豐衣足食，而且也想到昇平盛世，連鄉下聘姑娘的也要用幾匹綢緞。

一年三百六十五天，他幾乎老在舖子裡，從來也沒討厭過他的生活與那些貨物。他沒有野心，不會胡思亂想，他像一條小魚，只要有清水與綠藻便高興的游泳，不管那是一座小湖，還是一口磁缸子。

現在，兩簍棉花早已不見了，只剩下空簍子在後院裡扔著。外櫃的格子，空了一大半。最初，天祐還叫夥計們把貨勻一勻，儘管都擺不滿，可也沒有完全空著的。漸漸的，勻也勻不及了；空著的只好空著。在自己的舖子裡，天祐幾乎不敢抬頭，那些空格子像些四方的，沒有眼珠的眼睛，晝夜的瞪著他，嘲弄他。沒法子，他只好把空格用花紙糊起來。但是，這分明是自欺；難道糊起來便算有貨了麼？

格子多一半糊起來，櫃台裡只坐著一個老夥計——其餘的人都辭退了。老夥計沒事可作，只好打盹兒。這不是生意，而是給作生意的丟人呢！內櫃比較的好看一些，但

是看著更傷心。綢緞，和婦女的頭髮一樣，天天要有新的花樣。擱過三個月，就沒有再賣出的希望；半年就成了古董——最不值錢的古董。綢緞比布匹剩的多，也就是多剩了賠錢貨。內櫃也只剩下一個夥計，他更沒事可作。無可如何，他只好勤擦櫥子與櫃子上的玻璃。玻璃越明，舊綢緞越顯出暗淡，白的發了黃，黃的發了白。天祐是不愛多說話的人，看著那些要同歸於盡的，用銀子買來的細貨，他更不肯張嘴了。他的口水都變成了苦的，一口一口的嚥下去。他的體面、忠實、才能、經驗、尊嚴，都忽然的一筆勾消。他變成了一籌莫展，和那些舊貨一樣的廢物。

沒有野心的人往往心路不寬。天祐便是這樣。表面上，他還維持著鎮定，心裡可像有一群野蜂用毒刺蜇著他。他偷偷的去看鄰近的幾家舖戶。點心舖，因為缺乏麵粉，也清鍋子冷灶。茶葉舖因為交通不便，運不來貨，也沒有什麼生意好作。豬肉舖裡有時候連一塊肉也沒有。看見這種景況，他稍為鬆一點心：是的，大家都是如此，並不是他自己特別的沒本領，沒辦法。這點安慰可僅是一會兒的。在他坐定細想想之後，他的心就重新縮緊，比以前更厲害，他想，這樣下去，各種營業會一齊停頓，豈不是將要一齊

凍死餓死麼？那樣，整個的北平將要沒有布，沒有茶葉，沒有麵粉，沒有豬肉，他與所有的北平人將怎樣活下去呢？想到這裡，他不由的想到了國家。國亡了，大家全得死；千真萬確，全得死！想到國家，他也就想起來三兒子瑞全。老三走得對，對，對！他告訴自己。不用說老父親，就是他自己也毫無辦法，毫無用處了。哼，連長子瑞宣——那麼有聰明，有人格的瑞宣——也沒多大的辦法與用處！北平完了，在北平的人當然也跟著完蛋。只有老三，只有老三，逃出去北平，也就有了希望。中國是不會亡的，因為瑞全還沒投降。這樣一想，天祐才又挺一挺腰板，從口中吐出一股很長的白氣來。

不過，這也只是一點小小的安慰，並解救不了他目前的困難。不久，他連這點安慰也失去，因為他忙起來，沒有工夫再想念兒子。他接到了清查貨物的通知。他早已聽說要這樣辦，現在它變成了事實。每家舖戶都須把存貨查清，極詳細的填上表格。天祐明白了，這是「奉旨抄家」。等大家把表格都辦好，日本人就清清楚楚的曉得北平還一共有多少物資，值多少錢。北平將不再是有湖山宮殿之美的，有悠久歷史的，有花木魚鳥的，一座名城，而是有了

一定價錢的一大塊產業。這個產業的主人是日本人。

舖中的人手少，天祐須自己動手清點貨物，填寫表格。不錯，貨物是不多了，但是一清點起來，便並不十分簡單。他知道日本人都心細如髮，他若粗枝大葉的報告上去，必定會招出麻煩來。他須把每一塊布頭兒都重新用尺量好，一寸一分不差的記下來，而後一分一厘不差的算好它們的價錢。

這樣的連夜查點清楚，計算清楚，他還不敢正式的往表上填寫。他不曉得應當把貨價定高，還是定低。他知道那些存貨的一多半已經沒有賣出去的希望，那麼若是定價高了，貨賣不出去，而日本人按他的定價抽稅，怎樣辦呢？反之，他若把貨價定低，賣出去一定賠錢，那不單他自己吃了虧，而且會招同業的指摘。他皺上了眉頭。他只好到別家布商去討教。他一向有自己的作風與辦法，現在他須去向別人討教。他還是掌櫃的，可是失去了自主權。

同業們也都沒有主意。日本人只發命令，不給誰詳細的解說。命令是命令，以後的辦法如何，日本人不預先告

訴任何人。日本人征服了北平，北平的商人理當受盡折磨。

天祐想了個折衷的辦法，把能賣的貨定了高價，把沒希望賣出的打了折扣，他覺得自己相當的聰明。把表格遞上去以後，他一天到晚的猜測，到底第二步辦法是什麼。他猜不出，又不肯因猜不出而置之不理；他是放不下事的人。他煩悶，著急，而且感覺到這是一種污辱──他的生意，卻須聽別人的指揮。他的已添了幾根白色的鬍子常常的豎立起來。

等來等去，他把按照表格來查貨的人等了來──有便衣的，也有武裝的，有中國人，也有日本人。這聲勢，不像是查貨，而倒像捉捕江洋大盜。日本人喜歡把一粒芝麻弄成地球那麼大。天祐的體質相當的好，輕易不鬧什麼頭疼腦熱。今天，他的頭疼起來。查貨的人拿著表格，他拿著尺，每一塊布都須重新量過，看是否與表格上填寫的相合。老人幾乎忘了規矩與客氣，很想用木尺敲他們的嘴巴，把他們的牙敲掉幾個。這不是辦事，而是對口供；他一輩子公正，現在被他們看作了詭弊多端的慣賊。

這一關過去了，他們沒有發現任何弊病。但是，他缺少了一段布。那是昨天賣出去的。他們不答應。老人的臉已氣紫，可是還耐著性兒對付他們。他把流水賬拿出來，請他們過目，甚至於把那點錢也拿出來：「這不是？原封沒動，五塊一角錢！」不行，不行！他們不能承認這筆賬！這一案還沒了結，他們又發現了「弊病」。為什麼有一些貨物定價特別低呢？他們調出舊賬來：「是呀，你定的價錢，比收貨時候的價錢還低呀！怎回事？」

天祐的鬍子嘴顫動起來。嗓子裡噎了好幾下才說出話來：「這是些舊貨，不大能賣出去，所以──」不行，不行！這分明是有意搗亂，作生意還有願意賠錢的麼？

「可以不可以改一改呢？」老人強擠出一點笑來。「改？那還算官事？」

「那怎麼辦呢？」老人的頭疼得像要裂開。

「你看怎麼辦呢？」

70

老人像一條野狗，被人們堵在牆角上，亂棍齊下。

大夥計過來，向大家敬煙獻茶，而後偷偷的扯了扯老人的袖子：「遞錢！」

老人含著淚，承認了自己的過錯，自動的認罰，遞過五十塊錢去。他們無論如何不肯收錢，直到又添了十塊，才停止了客氣。

他們走後，天祐坐在椅子上，只剩了哆嗦。在軍閥內戰的時代，他經過許多不近情理的事。但是，那時候總是由商會出頭，按戶攤派，他既可以根據商會的通知報賬，又不直接的受軍人的辱罵。今天，他既被他們叫作奸商，而且拿出沒法報賬的錢。他一方面受了污辱與敲詐，還沒臉對任何人說。沒有生意，舖子本就賠錢，怎好再白白的丟六十塊呢？

呆呆的坐了好久，他想回家去看看。心中的委屈不好對別人說，還不可以對自己的父親，妻，兒子，說麼？他離開了舖子。可是，只走了幾步，他又打了轉身。算了吧，

自己的委屈最好是存在自己心中，何必去教家裡的人也跟著難過呢。回到舖中，他把沒有上過幾回身的，皮板並不十分整齊的，狐皮袍找了出來。是的，這件袍子還沒穿過多少次，一來因為他是作生意的，不能穿得太闊氣了，二來因為上邊還有老父親，他不便自居年高，隨便穿上狐皮——雖然這是件皮板並不十分整齊值錢的狐皮袍。拿出來，他交給了大夥計：「你去給我賣了吧！皮子並不怎麼出色，可還沒上過幾次身兒；面子是真正的大緞子。」

「眼看就很冷了，怎麼倒賣皮的呢？」大夥計問。「我不愛穿它！放著也是放著，何不換幾個錢用？乘著正要冷，也許能多賣幾個錢。」

「賣多少呢？」

「瞧著辦，瞧著辦！五六十塊就行！一買一賣，出入很大；要賣東西就別想買的時候值多少錢，是不是？」天祐始終不告訴大夥計，他為什麼要賣皮袍。

大夥計跑了半天，四十五塊是他得到的最高價錢。

「就四十五吧，賣！」天祐非常的堅決。

四十五塊而外，又東拼西湊的弄來十五塊，他把六十元還給櫃上。他可以不穿皮袍，而不能教櫃上白賠六十塊。他應當，他想，受這個懲罰；誰教自己沒有時運，生在這個倒霉的時代呢。時運雖然不好，他可是必須保持住自己的人格，他不能毫不負責的給舖子亂賠錢。

又過了幾天，他得到了日本人給他定的物價表。老人細心的，一款一款的慢慢的看。看完了，他一聲沒出，戴上帽頭，走了出去，他出了平則門。城裡彷彿已經沒法呼吸，他必須找個空曠的地方去呼吸，去思索。日本人所定的物價都不列成本的三分之二，而且絕對不許更改；有擅自更改的，以抬高物價，擾亂治安論，槍斃！

護城河裡新放的水，預備著西北風到了，凍成堅冰，好打冰儲藏起來。水流得相當的快，可是在靠岸的地方已有一些冰凌。岸上與別處的樹木已脫盡了葉子，所以一眼便能看出老遠去。淡淡的西山，已不像夏天雨後那麼深藍，也不像春秋佳日那麼爽朗，而是有點發白，好像怕冷似的。

陽光很好，可是沒有多少熱力，連樹影人影都那麼淡淡的，枯小的，像是被月光照射出來的。老人看一眼遠山，看一眼河水，深深的歎了口氣。

買賣怎麼作下去呢？貨物來不了。報歇業，不准。稅高。好，現在，又定了官價——不賣吧，人家來買呀；賣吧，賣多少賠多少。這是什麼生意呢？

日本人是什麼意思呢？是的，東西都有了一定的價錢，老百姓便可以不受剝削；可是作買賣的難道不是老百姓麼？作買賣的要都賠得一塌糊塗，誰還添貨呢？大家都不添貨，北平不就成了空城了麼？什麼意思呢？老人想不清楚。

呆呆的立在河岸上，天祐忘了他是在什麼地方了。他思索，思索，腦子裡像有個亂轉的陀螺。越想，心中越亂，他恨不能一頭扎在水裡去，結束了自己的與一切的苦惱。

一陣微風，把他吹醒。眼前的流水、枯柳、衰草，好像忽然更真切了一些。他無意的摸了摸自己的腮，腮很涼，可是手心上卻出著汗，腦中的陀螺停止了亂轉。他想出來

了！很簡單，很簡單，其中並沒有什麼深意，沒有！那只是教老百姓看看，日本人在這裡，物價不會抬高。日本人有辦法，有德政。至於商人們怎麼活著，誰管呢！商人是中國人，餓死活該！商人們不再添貨，也活該！百姓們買不到布，買不到棉花，買不到一切，活該！反正物價沒有漲！日本人的德政便是殺人不見血。

想清楚了這一點，他又看了一眼河水，急快的打了轉身。他須去向股東們說明他剛才所想到的，不能糊糊塗塗的就也用「活該」把生意垮完，他須交代明白了。他的厚墩墩的腳踵打得地皮出了響聲，像奔命似的他進了城。他是心中放不住事的人，他必須馬上把事情搞清楚了，不能這麼半死不活的閉著眼混下去。

所有的股東都見到了，誰也沒有主意。誰都願意馬上停止營業，可是誰也知道日本人不准報歇業。大家都只知道買賣已毫無希望，而沒有一點挽救的辦法。他們只能對天祐說：「再說吧！你多為點難吧！誰教咱們趕上這個——」大家對他依舊的很信任，很恭敬，可是任何辦法也沒有。他們只能教他去看守那個空的蛤殼，他也只好點了

75

頭。

　　無可如何的回到舖中，他只呆呆的坐著。又來了命令：每種布匹每次只許賣一丈，多賣一寸也得受罰。這不是命令，而是開玩笑。一丈布不夠作一身男褲褂，也不夠作一件男大衫的。日本人的身量矮，十尺布或者將就夠作一件衣服的；中國人可並不都是矮子。天祐反倒笑了，矮子出的主意，高個子必須服從，沒有別的話好講。「這倒省事了！」他很難過，而假裝作不在乎的說：「價錢有一定，長短有一定，咱們滿可以把算盤收起去了！」說完，他的老淚可是直在眼圈裡轉。這算哪道生意呢！經驗、才力、規矩、計劃，都絲毫沒了用處。這不是生意，而是給日本人做裝飾——沒有生意的生意，卻還天天挑出幌子去，天天開著門！

　　他一向是最安穩的人，現在他可是不願再老這麼呆呆的坐著。他已沒了用處，若還像回事兒似的坐在那裡，充掌櫃的，他便是無聊，不知好歹。他想躲開舖子，永遠不再回來。

　　第二天，他一清早就出去了。沒有目的，他信馬由韁的慢慢的走。經過一個小攤子，也立住看一會兒，不管值得看還是不值得看，他也要看，為是消磨幾分鐘的工夫。看見個熟人，他趕上去和人家談幾句話。他想說話，他悶得慌。這樣走了一兩個鐘頭，他打了轉身。不行，這不像話。他不習慣這樣的吊兒啷當。他必須回去。不管舖子變成什麼樣子，有生意沒有，他到底是個守規矩的生意人，不能這樣半瘋子似的亂走。在舖子裡呆坐著難過，這樣的亂走也不受用；況且，無論怎樣，到底是在舖子裡較比的更像個生意人。

　　回到舖中，他看見櫃台上堆著些膠皮鞋，和一些殘舊的日本造的玩具。

　　「這是誰的？」天祐問。

　　「剛剛送來的。」大夥計慘笑了一下。「買一丈綢緞的，也要買一雙膠皮鞋；買一丈布的也要買一個小玩藝兒；這是命令！」

看著那一堆單薄的,沒後程的日本東西,天祐楞了半天才說出話來:「膠皮鞋還可以說有點用處,這些玩藝兒算幹什麼的呢?況且還是這麼殘破,這不是硬敲買主兒的錢嗎?」大夥計看了外邊一眼,才低聲的說:「日本的工廠大概只顧造槍炮,連玩藝兒都不造新的了,準的!」

「也許!」天祐不願意多討論日本的工業問題,而只覺得這些舊玩具給他帶來更大的污辱,與更多的嘲弄。他幾乎要發脾氣:「把它們放在後櫃去,快!多年的老字號了,帶賣玩藝兒,還是破的!趕明兒還得帶賣仁丹呢!哼!」

看著夥計把東西收到後櫃去,他泡了一壺茶,一杯一杯又一杯的慢慢喝。這不像是喫茶,而倒像拿茶解氣呢。看著杯裡的茶,他想起昨天看見的河水。他覺得河水可愛,不單可愛,而且彷彿能解決一切問題。他是心路不甚寬的人,不能把無可奈何的事就看作無可奈何,而付之一笑。他把無可奈何的事看成了對自己的考驗,若是他承認了無可奈何,便是承認了自己的無能,沒用。他應付不了這個局面,他應當趕快結束了自己──隨著河水順流而下,漂,

漂，漂，漂到大河大海裡去，倒也不錯。心路窄的人往往把死看作康莊大道，天祐便是這樣。想到河，海，他反倒痛快一點，他看見了空曠，自由，無憂無慮，比這麼揪心扒肝的活著要好的多。剛剛過午，一部大卡車停在了舖子外邊。

「他們又來了！」大夥計說。

「誰？」天祐問。

「送貨的！」

「這回恐怕是仁丹了！」天祐想笑一笑，可是笑不出來。

車上跳下來一個日本人，三個中國人，如狼似虎的，他們闖進舖子來。雖然只是四個人，可是他們的聲勢倒好像是個機關鎗連。

「貨呢，剛才送來的貨呢？」一個中國人非常著急的

問。大夥計急忙到後櫃去拿。拿來，那個中國人劈手奪過去，像公雞掘土似的，極快而有力的數：「一雙，兩雙——」數完了，他臉上的肌肉放鬆了一些，含笑對那個日本人說：「多了十雙！我說毛病在這裡，一定是在這裡！」

日本人打量了天祐掌櫃一番，高傲而冷酷的問：「你的掌櫃？」

天祐點了點頭。

「哈！你的收貨？」

大夥計要說話，因為貨是他收下的。天祐可是往前湊了一步，又向日本人點了點頭。他是掌櫃，他須負責，儘管是夥計辦錯了事。

「你的大大的壞蛋！」

天祐嚥了一大口唾沫，把怒氣，像吃丸藥似的，沖了下去。依舊很規矩的，和緩的，他問：「多收了十雙，是

不是？照數退回好了！」

「退回？你的大大的奸商！」冷不防，日本人一個嘴巴打上去。

天祐的眼中冒了金星。這一個嘴巴，把他打得什麼全不知道了。忽然的他變成了一塊不會思索，沒有感覺，不會動作的肉，木在了那裡。他一生沒有打過架，撒過野。他萬想不到有朝一日他也會挨打。他的誠實，守規矩，愛體面，他以為，就是他的鋼盔鐵甲，永遠不會教污辱與手掌來到他的身上。現在，他挨了打，他什麼也不是了，而只是那麼立著的一塊肉。

大夥計的臉白了，極勉強的笑著說：「諸位老爺給我二十雙，我收二十雙，怎麼，怎麼——」他把下面的話嚥了回去。「我們給你二十雙？」一個中國人問。他的威風僅次於那個日本人的。「誰不知道，每一家發十雙！你乘著忙亂之中，多拿了十雙，還怨我們，你真有膽子！」

事實上，的確是他們多給了十雙。大夥計一點不曉得

他多收了貨。為這十雙鞋，他們又跑了半座城。他們必須查出這十雙鞋來，否則沒法交差。查到了，他們不能承認自己的疏忽，而必把過錯派在別人身上。

轉了轉眼珠，大夥計想好了主意：「我們多收了貨，受罰好啦！」

這回，他們可是不受賄賂。他們必須把掌櫃帶走。日本人為強迫實行「平價」，和強迫接收他們派給的貨物，要示一示威。他們把天祐掌櫃拖出去。從車裡，他們找出預備好了的一件白布坎肩，前後都寫著極大的紅字——奸商。他們把坎肩扔給天祐，教他自己穿上。這時候，舖子外邊已圍滿了人。渾身都顫抖著，天祐把坎肩穿上。他好像已經半死，看看面前的人，他似乎認識幾個，又似乎不認識。他似乎已忘了羞恥，氣憤，而只那麼顫抖著任人擺佈。

日本人上了車。三個中國人隨著天祐慢慢的走，車在後面跟著。上了馬路，三個人教給他：「你自己說：我是奸商！我是奸商！我多收了貨物！我不按定價賣東西！我

是奸商！說！」天祐一聲沒哼。

三把手槍頂住他的背。「說！」

「我是奸商！」天祐低聲的說。平日，他的語聲就不高，他不會粗著脖子紅著筋的喊叫。

「大點聲！」

「我是奸商！」天祐提高了點聲音。

「再大一點！」

「我是奸商！」天祐喊起來。

行人都立住了，沒有什麼要事的便跟在後面與兩旁。北平人是愛看熱鬧的。只要眼睛有東西可看，他們便看，跟著看，一點不覺得厭煩。他們只要看見了熱鬧，便忘了恥辱、是非，更提不到憤怒了。

　　天祐的眼被淚迷住。路是熟的，但是他好像完全不認識了。他只覺得路很寬，人很多，可是都像初次看見的。他也不知道自己是在作什麼。他機械的一句一句的喊，只是喊，而不知道喊的什麼。慢慢的，他頭上的汗與眼中的淚聯結在一處，他看不清了路、人，與一切東西。他的頭低下去，而仍不住的喊。他用不著思索，那幾句話像自己能由口中跳出來。猛一抬頭，他又看見了馬路、車輛、行人，他也更不認識了它們，好像大夢初醒，忽然看見日光與東西似的。他看見了一個完全新的世界，有各種顏色，各種聲音，而一切都與他沒有關係。一切都那麼熱鬧而冷淡，美麗而慘酷，都靜靜的看著他。他離著他們很近，而又像很遠。他又低下頭去。

　　走了兩條街，他的嗓子已喊啞。他感到疲乏，眩暈，可是他的腿還拖著他走。他不知道已走在哪裡，和往哪裡走。低著頭，他還喊叫那幾句話。可是，嗓音已啞，倒彷彿是和自己叨嘮呢。一抬頭，他看見一座牌樓，有四根極紅的柱子。那四根紅柱子忽然變成極粗極大，晃晃悠悠的向他走來。四條扯天柱地的紅腿向他走來，眼前都是紅的，天地是紅的，他的腦子也是紅的。他閉上了眼。

　　過了多久，他不知道。睜開眼，他才曉得自己是躺在了東單牌樓的附近。卡車不見了，三個槍手也不見了，四圍只圍著一圈小孩子。他坐起來，楞著。楞了半天，他低頭看見了自己的胸。坎肩已不見了，胸前全是白沫子與血，還濕著呢。他慢慢的立起來，又跌倒，他的腿已像兩根木頭。掙扎著，他再往起立；立定，他看見了牌樓的上邊只有一抹陽光。

　　他的身上沒有一個地方不疼，他的喉中乾得要裂開。

　　一步一停的，他往西走。他的心中完全是空的。他的老父親、久病的妻、三個兒子、兒媳婦、孫男孫女，和他的舖子，似乎都已不存在。他只看見了護城河，與那可愛的水；水好像就在馬路上流動呢，向他招手呢。他點了點頭。他的世界已經滅亡，他須到另一個世界裡去。在另一世界裡，他的恥辱才可以洗淨。活著，他只是恥辱的本身；他剛剛穿過的那件白布紅字的坎肩永遠掛在他身上，粘在身上，印在身上，他將永遠是祁家與舖子的一個很大很大的一個黑點子，那黑點子會永遠使陽光變黑，使鮮花變臭，

使公正變成狡詐，使溫和變成暴厲。

　　他雇了一輛車到平則門。扶著城牆，他蹭出去。太陽落了下去。河邊上的樹木靜候著他呢。天上有一點點微紅的霞，像向他發笑呢。河水流得很快，好像已等他等得不耐煩了。水發著一點點聲音，彷彿向他低聲的呼喚呢。

　　很快的，他想起一輩子的事情；很快的，他忘了一切。漂，漂，漂，他將漂到大海裡去，自由、清涼、乾淨、快樂，而且洗淨了他胸前的紅字。

第六十章

　　天祐的屍身並沒漂向大河大海裡去，而是被冰，水藻，與樹根，給纏凍在河邊兒上。

　　第二天一清早就有人發現了屍首，到午後消息才傳至祁家。祁老人的悲痛是無法形容的。四世同堂中的最要緊，離他最近，最老成可靠的一層居然先被拆毀了！他想像得到自己的死，和兒媳婦的死——她老是那麼病病歪歪的。他甚至於想像得到三孫子的死。他萬想像不到天祐會死，而且死得這麼慘！老天是無知，無情，無一點心肝的，會奪去這最要緊，最老成的人：「我有什麼用呢？老天爺，為什麼不教我替了天祐呢？」老人跳著腳兒質問老天爺。然後，他詛咒日本人。他忘了規矩，忘了恐懼，而破口大罵起來。一邊罵，一邊哭，直哭得不能再出聲兒。

　　天祐太太的淚一串串的往下流，全身顫抖著，可是始終沒放聲。一會兒，她的眼珠往上翻，閉過氣去。

　　韻梅流著淚，一面勸解祖父，一面喊叫婆婆。兩個孩子莫名其妙的，扯著她的衣襟，不肯放手。

　　瑞豐，平日對父親沒有盡過絲毫的孝心，也張著大嘴哭得哇哇的。

　　慢慢的，天祐太太醒了過來。她這才放聲的啼哭。韻梅也陪著婆母哭。

　　哭鬧過了一大陣，院中忽然的沒有了聲音。淚還在落，鼻涕還在流，可是沒了響聲，像風雪過去，只落著小雨。悲憤、傷心，都吐了出去，大家的心裡全變成了空的，不知道思索，想不起行動。他們似乎還活著，又像已經半死，都那麼低頭落淚，楞著。

　　楞了不知有多久，韻梅首先出了聲：「老二，找你哥哥去呀！」

　　這一點語聲，像一個霹雷震動了濃厚的黑雲，大雨馬上降下來，大家又重新哭叫起來。韻梅勸告這個，安慰那

個，完全沒有用處，大家只顧傾洩悲傷，根本聽不見她的聲音。

天祐太太坐在炕沿上，已不能動，手腳像冰一樣涼。祁老人的臉像忽然縮小了一圈。手按著膝蓋，他已不會哭，而只顫抖著長嚎。瑞豐的哭聲比別人的都壯烈，他不知道哭的是什麼，而只覺得大聲的哭喊使心中舒服。

韻梅抹著淚，扯住老二的肩搖了幾下子：「去找你大哥！」她的聲音是那麼尖銳，她的神情是那麼急切，使瑞豐沒法不收住悲音。連祁老人也感到一點什麼震動，而忽然的清醒過來。老人也喊了聲：「找你哥哥去！」

這時候，小文和棚匠劉師傅的太太都跑進來。自從劉師傅走後，瑞宣到領薪的日子，必教韻梅給劉太太送過六元錢去。劉太太是個矮身量，非常結實的鄉下人，很能吃苦。在祁家供給她的錢以外，她還到舖戶去攬一些衣服，縫縫洗洗的，賺幾文零用。她也時常的到祁家來，把韻梅手中的活計硬搶了去，抽著工夫把它們作好。她是鄉下人，作的活計雖粗，可是非常的結實；給小順兒們作的布鞋，

幫子硬，底兒厚，一雙真可以當兩雙穿。她不大愛說話，但是一開口也滿有趣味與見解，所以和天祐太太與韻梅成了好朋友。對祁家的男人們，她可是不大招呼；她是鄉下人，卻有個心眼兒。小文輕易不到祁家來。他知道祁家的人多數是老八板兒，或者不大喜歡他的職業與行動，不便多過來討厭。他並不輕看自己，可也尊重別人，所以他須不即不離的保持住自己的身份。今天，他聽祁家哭得太凶了，不能不過來看看。

迎著頭，瑞豐給兩位鄰居磕了一個頭。他們馬上明白了祁家是落了白事。小文和劉太太都不敢問死的是誰，而只往四處打眼。瑞豐說了聲：「老爺子——」小文和劉太太的淚立刻在眼中轉。他們都沒和天祐有過什麼來往，可是都知道天祐是最規矩老實的人，所以覺得可惜。

劉太太立刻跑去伺候天祐太太，和照應孩子。

小文馬上問：「有用我的地方沒有？」

祁老人一向不大看得起小文，現在他可是拉住了小文

的手。「文爺，他死得慘！慘！」老人的眼本來就小，現在又紅腫起來，差不多把眼珠完全掩藏起來。

韻梅又說了話：「文爺，給瑞宣打個電話去吧！」小文願意作這點事。

祁老人拉著小文，立了起來：「文爺，打電話去！教他到平則門外去，河邊！河邊！」說完，他放開了小文的手，對瑞豐說：「走！出城！」

「爺爺，你不能去！」

老人怒吼起來：「我怎麼不能去？他是我的兒子，我怎麼不能去？教我一下子也摔到河裡去，跟他死在一塊兒，我也甘心！走，瑞豐！」

小文一向不慌不忙，現在他小跑著跑出去。他先去看李四爺在家沒有。在家。「四大爺，快到祁家去！天祐掌櫃過去了！」

「誰？」李四爺不肯信任他的耳朵。

「天祐掌櫃！快去！」小文跑出去，到街上去借電話。

四大媽剛一聽明白，便跑向祁家來。一進門，不管三七二十一，就放聲哭嚎起來。

李四爺拉住了祁老人的手，兩位老人哆嗦成了一團。李老人辦慣了喪事，輕易不動感情；今天，他真動了心。祁老人是他多年的好友，天祐又是那麼規矩老實，不招災不惹禍的人；當他初認識祁老人的時候，天祐還是個小孩子呢。

大家又亂哭了一場之後，心中開始稍覺得安定一些，因為大家都知道李四爺是有辦法的人。李四爺擦了擦眼，對瑞豐說：「老二，出城吧！」

「我也去！」祁老人說。

「有我去，你還不放心嗎？大哥！」李四爺知道祁老

人跟去，只是多添麻煩，所以攔阻他。

「我非去不可！」祁老人非常的堅決。為表示他能走路，無須別人招呼他，他想極快的走出去，教大家看一看。可是，剛一下屋外的台階，他就幾乎摔倒。掙扎著立穩，他再也邁不開步，只剩了哆嗦。

天祐太太也要去。天祐是她的丈夫，她知道他的一切，所以也必須看看丈夫是怎樣死的。

李四爺把祁老人和天祐太太都攔住：「我起誓，準教你們看看他的屍！現在，你們不要去！等我都打點好了，我來接你們，還不行嗎？」

祁老人用力瞪著小眼，沒用，他還是邁不開步。「媽！」韻梅央告婆婆。「你就甭去了吧！你不去，也教爺爺好受點兒！」

天祐太太落著淚，點了頭。祁老人被四大媽攙進屋裡去。

李四爺和瑞豐走出去。他們剛出門，小文和孫七一塊兒走了來。小文打通了電話，孫七是和小文在路上遇見的。平日，孫七雖然和小文並沒什麼惡感，可是也沒有什麼交情。專以頭髮來說，小文永遠到最好的理髮館去理髮刮臉，小文太太遇有堂會必到上海人開的美容室去燙髮。這都給孫七一點刺激，而不大高興多招呼文家夫婦。今天，他和小文彷彿忽然變成了好朋友，因為小文既肯幫祁家的忙，那就可以證明小文的心眼並不錯。患難，使人的心容易碰到一處。

小文不會說什麼，只一支跟著一支的吸煙。孫七的話來得很容易，而且很激烈，使祁老人感到一些安慰。老人已躺在炕上，一句話也說不出，可是他還聽著孫七的亂說，時時的歎一口氣。假若沒有孫七在一旁拉不斷扯不斷的說，他知道他會再哭起來的。

職業的與生活的經驗，使李四爺在心中極難過的時節，還會計劃一切。到了街口，他便在一個小茶館裡叫了兩個人，先去撈屍。然後，他到護國寺街一家壽衣舖，賒了兩

件必要的壽衣。他的計劃是：把屍身打撈上來，先脫去被水泡過一夜的衣服，換上壽衣——假若這兩件不好，不夠，以後再由祁家添換。換上衣服，他想，便把屍首暫停在城外的三仙觀裡，等祁家的人來辦理入殮開弔。日本人不許死屍入城，而且抬來抬去也太麻煩，不如就在廟裡辦事，而後抬埋。

這些計劃，他一想到，便問瑞豐以為如何。瑞豐沒有意見。他的心中完全是空的，而只覺得自己無憂無慮的作孝子，到處受別人的憐惜，頗舒服，而且不無自傲之感。出了城，看見了屍身——已由那兩位雇來的人撈了上來，放在河岸上——瑞豐可是真動了心。一下子，趴伏在地，摟著屍首，他大哭起來。這回，他的淚是真的，是由心的深處冒出來的。天祐的臉與身上都被泡腫，可是並不十分難看，還是那麼安靜溫柔。他的手中握著一把河泥，臉上可相當的乾淨，只在鬍子上有兩根草棍兒。

李四爺也落了淚。這是他看著長大了的祁天祐——自幼兒就靦腆，一輩子沒有作過錯事，永遠和平、老實、要強、穩重的祁天祐！老人沒法不傷心，這不只是天祐的命

該如此，而是世界已變了樣了——老實人、好人，須死在河裡！

　　瑞宣趕到。一接到電話，他的臉馬上沒有了血色。嘴唇顫著，他只告訴了富善先生一句話：「家裡出了喪事！」便飛跑出來。他幾乎不知道怎樣來到的平則門外。他沒有哭，而眼睛已看不清面前的一切。假若祖父忽然的死去，他一定會很傷心的哭起來。但是，那只是傷心，而不能教他迷亂，因為祖父的壽數已到，死亡是必不可免的，他想不到父親會忽然的死去。況且，他是父親的長子：他的相貌、性格、態度、說話的樣子，都像父親，因為在他的幼時，只有父親是他的模範，而父親也只有他這麼一個珍寶接受他全份的愛心。他第一次上大街，是由父親抱去的。他初學走路，是由父親拉著他的小手的。他上小學、中學、大學，是父親的主張。他結了婚，作了事，有了自己的兒女，在多少事情上他都可以自主，不必再和父親商議，可是他處理事情的動機與方法，還暗中與父親不謀而合。他不一定對父親談論什麼，可是父子之間有一種不必說而互相瞭解的親密；一個眼神，一個微笑，便夠了，用不著多費話。父親看他，與他看父親，都好像能由現在，看到二

三十年前；在二三十年前，只要他把小手遞給父親，父親就知道他要出去玩玩。他有他自己的事業與學問，與父親的完全不同，可是除了這點外來的知識與工作而外，他覺得他是父親的化身。他不完全是自己，父親也不完全是父親，只有把父子湊到一處，他彷彿才能感到安全，美滿。他沒有什麼野心，他只求父親活到祖父的年紀，而他也像父親對祖父那樣，雖然已留下鬍子，可是還體貼父親，教父親享幾年晚福。這不是虛假的孝順，而是，他以為，最自然，最應該的事。

父親會忽然的投了水！他自己好像也死去了一大半！他甚至於沒顧得想父親死了的原因，而去詛咒日本人。他的眼中只有個活著的父親，與一個死了的父親；父親，各種樣子的父親——有鬍子的，沒鬍子的，笑的，哭的——出現在他眼前，一會兒又消滅。他顧不得再想別的。

看見了父親，他沒有放聲的哭出來。他一向不會大哭大喊。放聲的哭喊只是沒有辦法的辦法，而他是好想辦法的人，不慣於哭鬧。他跪在了父親的頭前，隔著淚看著父親。他的胸口發癢，喉中發甜，他啐出一口鮮紅的血來。

腿一軟，他坐了在地上。天地都在旋轉。他不曉得了一切，只是口中還低聲的叫：「爸爸！爸爸！」

好久，好久，他才又看見了眼前的一切，也發覺了李四爺用手在後面攙著他呢。

「別這麼傷心喲！」四爺喊著說：「死了的不能再活，活著的還得活下去呀！」

瑞宣抹著淚立起來，用腳把那口鮮紅的血擦去。他身上連一點力氣也沒有了，臉上白得可怕。可是，他還要辦事。無論他怎麼傷心，他到底是主持家務的人，他須把沒有吐淨的心血花費在操持一切上。

他同意李四爺的辦法，把屍身停在三仙觀裡。

李四爺借來一塊板子，瑞宣瑞豐和那兩個幫忙的人，把天祐抬起來，往廟裡走。太陽已偏西，不十分暖和的光射在天祐的臉上。瑞宣看著父親的臉，淚又滴下來，滴在了父親的腳上。他渾身酸軟無力，可是還牢牢的抬著木板，

一步一步的往前挪動。他覺得他也許會一跤跌下去，不能再起來，可是他掙扎著往前走，他必須把父親抬到廟中去安息。

三仙觀很小，院中的兩株老柏把枝子伸到牆外，彷彿為是好多得一點日光與空氣。進了門，天祐的臉上沒有了陽光，而遮上了一層兒淡淡的綠影。「爸爸！」瑞宣低聲的叫。「在這裡睡吧！」

停靈的地方是在後院。院子更小，可是沒有任何樹木，天祐的臉上又亮起來。把靈安置好，瑞宣呆呆的看著父親。父親確是睡得很好，一動不動的，好像極舒服，自在，沒有絲毫的憂慮。生活是夢，死倒更真實，更肯定，更自由！「哥哥！」瑞豐的眼、鼻，連耳朵，都是紅的。「怎麼辦事呀？」

「啊？」瑞宣像由夢中驚醒了似的。

「我說，咱們怎麼辦事？」老二的傷心似乎已消逝了十之八九，又想起湊熱鬧來。喪事，儘管是喪事，據他看，

也是湊熱鬧的好機會。穿孝、唪經、焚紙、奠酒、磕頭、擺飯、入殮、開弔、出殯——有多麼熱鬧呀！他知道自己沒有錢，可是大哥總該會設法弄錢去呀。人必須盡孝，父親只會死一回，即使大哥為難，也得把事情辦得熱熱鬧鬧的呀。只要大哥肯盡孝，他——老二——也就必定用盡心計，籌劃一切，使這場事辦得極風光，極體面，極火熾。比如說：接三那天還不糊些頂體面的紙人紙馬，還不請十三位和尚念一夜經麼？伴宿就更得漂亮一些，酒席至少是八大碗一個火鍋，廟外要一份最齊全的鼓手；白天若還是和尚唪經，夜間理應換上喇嘛或道士。而後，出殯的時候，至少有七八十個穿孝的親友，像一大片白鵝似的在棺材前面慢慢的走；棺材後面還有一二十輛轎車，白的，黃的，藍的，裡面坐著送殯的女客。還有執事、清音、鬧喪鼓、紙人紙車金山銀山呢！只有這樣，他想，才足以對得起死去的父親，而親友們也必欽佩祁家——雖然人是投河死了的，事情可辦得沒有一點缺陷啊！「四爺爺！」瑞宣沒有搭理老二，而對李老人說：「咱們一塊兒回去吧？怎麼辦事，我得跟祖父，母親商議一下，有你老人家在一旁，或者——」

　　李老人一眼便看進瑞宣的心裡去：「我曉得！聽老人們怎麼說，再合計合計咱們的錢力，事情不能辦得太寒傖，也不能太扎花；這個年月！」然後他告訴瑞豐：「老二，你在這裡看著；我們一會兒就回來。」同時，他把那兩個幫忙的人也打發回去。

　　看見了家門，瑞宣簡直邁不開步了。費了極大的力量，他才上了台階。只是那麼兩三步，他可是已經筋疲力盡。他的眼前飛舞著幾個小的金星，心跳得很快。他扶住了門框，不能再動。門框上，剛剛由小文貼上了白紙，漿糊還濕著呢。他不會，也不敢，進這貼了白紙的家門。見了祖父與母親，他說什麼呢？怎麼安慰他們呢？

　　李四爺把他攙了進去。

　　家中的人一看瑞宣回來了，都又重新哭起來。他自己不願再哭，可是淚已不受控制，一串串的往下流。李四爺看他們已經哭得差不多了，攔住了大家：「不哭嘍！得商量商量怎麼辦事喲！」

聽到這勸告，大家彷彿頭一次想到死人是要埋起來的；然後都抹著淚坐在了一處。

祁老人還顧不得想實際的問題，拉著四爺的手說：「天祐沒給我送終，我倒要發送他啦；這由何處說起喲！」「那有什麼法子呢？大哥！」李四爺感歎著說，然後，他一語點到了題：「先看看咱們有多少錢吧！」

「我去支一個月的薪水！」瑞宣沒有說別的，表示他除此而外，別無辦法。

天祐太太還有二十多塊現洋，祁老人也存著幾十塊現洋，與一些大銅板。這都是他們的棺材本兒，可是都願意拿出來，給天祐用。「四爺，給他買口好材，別的都是假的！誰知道，我死的時候是棺材裝呢，還是用席頭兒捲呢！」老人顫聲的說。真的，老人的小眼睛已看不見明天。他的唯一的恐懼是死。不過，到時候非死不可呢，他願意有一口好的棺材，和一群兒孫給他帶孝；這是他的最後的光榮！可是，兒子竟自死在他的前面，奪去了他的棺材，還有什麼話可說呢。最後的光榮才是真的光榮，可是他已

不敢希望那個。他的生活秩序完全被弄亂了，他不敢再希望什麼，不敢再自信。他已不是什麼老壽星，可能的他將變成老乞丐，死後連棺材都找不到！「好！我去給看口材，準保結實，體面！」李四爺把祁老人的提案很快的作了結束。「停幾天呢？天祐太太！」

天祐太太很願意丈夫的喪事辦得像個樣子。她知道的清楚：丈夫一輩子沒有浪費過一個錢，永遠省吃儉用的把錢交到家中。他應當得到個體面的發送，大家應當給他個最後的酬謝。可是，她也知道自己不定哪時就和丈夫並了骨，不為別人，她也得替瑞宣設想；假若再出一檔子白事，瑞宣怎麼辦呢？想到這裡，她馬上決定了：「爺爺，擱五天怎樣？在廟裡，多擱一天，多花一天的錢！」

五天太少了。可是祁老人忍痛的點了頭。他這時候已看清了瑞宣的臉——灰漉漉的像一張風吹雨打過的紙。

「總得唸一夜經吧？爺爺！」天祐太太低著頭問。大家也無異議。

瑞宣只迷迷糊糊的聽著，不說什麼。對這些什麼唸經，開弔的，在平日，他都不感覺興趣，而且甚至以為都沒用處，也就沒有非此不可的必要。今天，他不便說什麼。文化是文化，文化裡含有許多許多不必要的繁文縟節，不必由他去維持，也不必由他破壞。再說，在這樣的一個四世同堂的家庭裡，文化是有許多層次的，像一塊千層糕。若專憑理智辦事，他須削去幾層，才能把事情辦得合理；但是，若用智慧的眼來看呢，他實在不必因固執而傷了老人們的心。他是現代的人，但必須體貼過去的歷史。只要祖父與媽媽不像瑞豐那樣貪熱鬧，他便不必教他們難堪。他好像是新舊文化中的鐘擺，他必須左右擺勻，才能使時刻進行得平穩準確。

李四爺作了總結束：「好啦，祁大哥，我心裡有了準數啦！棺材，我明天去看。瑞宣，你明天一早兒到墳地去打坑。孫七，你勻得出工夫來嗎？好，你陪著瑞宣去。劉太太，你去扯布，扯回來，幫著祁大奶奶趕縫孝衣。唸經，就用七眾兒吧，我去請。鼓手、執事，也不必太講究了，有個響動就行，是不是？都請誰呢？」

　　韻梅由箱子裡找出行人情的禮金簿來。祁老人並沒看簿子，就決定了：「光請至親至友，大概有二十多家子。」老人平日在睡不著的時候，常常掐指計算：假若在他死的時候，家道還好，而大辦喪事呢，就應當請五十多家親友，至少要擺十四五桌飯；若是簡單的辦呢，便可減少一半。「那麼，就預備二十多家的飯吧。」李四爺很快的想好了主意：「乾脆就吃炒菜麵，又省錢，又熱乎；這年月，親友不會恥笑咱們！大哥，你帶著她們到廟裡看看吧。到廟裡，告訴老二，教他明天去報喪請人。好在只有二十多家，一天足以跑到了。大哥！到那裡，可不准太傷心了，身體要緊！四媽，你同天祐太太去；到那兒，哭一場就回來！回頭我去和老二守靈。」

　　李老人下完這些命令，劉太太趕快去扯布。祁老人帶著李四媽，兒媳與小順子，雇了車，到廟中去。

　　劉太太拿了錢，已快走出街門，李四爺向她喊：「一個舖子只能扯一丈喲，多跑幾家！」

　　韻梅也想到廟中去哭一場，可是看瑞宣的樣子，她決

定留在家裡。

孫七的事情是在明天，他告辭回家去喝酒，他的心裡堵得慌。

小文沒得到任何命令，還繼續的一支緊接著一支的吸煙。李老人看了小文一眼，向他點點手：「文爺，你去弄幾兩白干吧，我心裡難過！」

瑞宣走到自己的屋中去，躺在了床上。韻梅輕輕的進來，給他蓋上了一床被子。他把頭蒙上，反倒哭出了聲兒。

淚灑淨，他心中清楚了許多，也就想起日本人來。想到日本人，他承認了自己的錯誤：自己不肯離開北平，幾乎純粹是為家中老幼的安全與生活。可是，有什麼用呢？自己下過獄，老二變成了最沒出息的人；現在，連最老成，最謹慎的父親，也投了河！在敵人手底下，而想保護一家人，哼，夢想！

他不哭了。他恨日本人與他自己。

第六十一章


　　似睡非睡的，瑞宣躺了一夜。迷迷糊糊的，他聽到祖父與母親回來。迷迷糊糊的，他聽到韻梅與劉太太低聲的說話，（她們縫孝衣呢。）他不知道時間，也摸不清大家都在作什麼。他甚至於忘了家中落了白事。他的心彷彿是放在了夢與真實的交界處。


　　約摸有五點來鐘吧，他像受了一驚似的，完全醒過來。他忽然的看見了父親，不是那溫和的老人，而是躺在河邊上的死屍。他急忙的坐起來。隨便的用冷水擦了一把臉，漱了漱口，他走出去找孫七。


　　極冷的小風吹著他的臉，並且輕輕的吹進他的衣服，使他的沒有什麼東西的胃，與吐過血的心，一齊感到寒冷，渾身都顫起來。扶著街門，他定了定神。不管，不管，不管他怎樣不舒服，他必須給父親去打坑。這是他無可推卸的責任。他拉開了街門。天還不很亮，星星可是已都看不真了，這是夜與晝的交替時間，既不像夜，也不像晝，一

107

切都渺茫不定。他去叫孫七。

　　程長順天天起來得很早，好去收買破布爛紙。聽出來瑞宣的語聲，他去輕輕的把孫七喚醒，而沒敢出來和瑞宣打招呼。他忙，他有他的心事，他沒工夫去幫祁家的忙，所以他覺得怪不好意思的來見瑞宣。

　　孫七，昨天晚上喝了一肚子悶酒，一直到上床還囑咐自己：明天早早的起！可是，酒與夢聯結到一處，使他的呼聲只驚醒了別人，而沒招呼他自己。聽到長順的聲音，他極快的坐起來，穿上衣服，而後匆忙的走出來。口中還有酒味，他迷迷糊糊的跟著瑞宣走，想不出一句話來。一邊走，他一邊又打堵得慌，又有點痛快的長嗝兒。打了幾個這樣的嗝兒以後，他開始覺得舒服了一點。他立刻想說話。「咱們出德勝門，還是出西直門呢？」

　　「都差不多。」瑞宣心中還發噤，實在不想說話。「出德勝門吧！」孫七沒有什麼特殊的理由，而只為顯出自己會判斷，會選擇，這樣決定。看瑞宣沒說什麼，他到前面去領路，為是顯出熱心與勇敢。

　　到了德勝門門臉兒，晨光才照亮了城樓。這裡，是北平的最不體面的地方：沒有光亮的柏油路，沒有金匾，大玻璃窗的舖戶，沒有汽車。它的馬路上的石子都七上八下的露著尖兒，一疙疸一塊的好像長了凍瘡。石子尖角上往往頂著一點冰，或一點白霜。這些寒冷的稜角，教人覺得連馬路彷彿都削瘦了好些。它的車輛，只有笨重的，破舊的，由鄉下人趕著的大敞車，走得不快，而西唰嘩唰的亂響。就是這裡的洋車也沒有什麼漂亮的，它們都是些破舊的，一陣風似乎能吹散的，只為拉東西，而不大拉人的老古董。在大車與洋車之間，走著身子瘦而鳴聲還有相當聲勢的驢，與彷彿久已討厭了生命，而還不能不勉強，於是也就只好極慢極慢的，走著路的駱駝。這些風光，湊在一處，便把那偉大的城樓也連累得失去了尊嚴壯麗，而顯得衰老，荒涼，甚至於有點悲苦。在這裡，人們不會想起這是能培養得出梅蘭芳博士，發動了五四運動，產生能在冬天還唧唧的鳴叫，翠綠的蟈蟈的地方，而是一眼就看到了那荒涼的，貧窘的，舖滿黃土的鄉間。這是城市與鄉間緊緊相連的地區；假若北平是一匹駿馬，這卻是牠的一條又長又寒傖的尾巴。

雖然如此，陽光一射到城樓上，一切的東西彷彿都有
了精神。驢揚起脖子鳴喚，駱駝脖子上的白霜發出了光，
連那路上的帶著冰的石子都亮了些。一切還都破舊衰老，
可是一切都被陽光照得有了力量，有了顯明的輪廓，色彩，
作用，與生命。北平像無論怎麼衰老多病，可也不會死去
似的。孫七把瑞宣領到一個豆漿攤子前面。瑞宣的口中發
苦，實在不想吃什麼，可是也沒拒絕那碗滾熱的豆漿。抱
著碗，他手上感到暖和；熱氣升上來，碰到他的臉上，也
很舒服。特別是他哭腫了的，乾巴巴的眼睛，一碰到熱氣，
好像點了眼藥那麼好受。噓了半天，他不由的把唇送到了
碗邊上，一口口的吸著那潔白的，滾熱的，漿汁。熱氣一
直走到他的全身。這不是豆漿，而是新的血液，使他渾身
暖和，不再發噤。喝完了一碗，他又把碗遞過去。

孫七只喝了一碗漿，可是吃了無數的油條。彷彿是為
主持公道似的，他一定教賣漿的給瑞宣的第二碗裡打上兩
個雞蛋。

吃完，他們走出了城門。孫七的肚子有了食，忘了悲

哀與寒冷。他願一氣走到墳地去——在城裡住的人很不易得到在郊外走一走的機會，況且今天的天氣是這麼好，而他的肚子裡又有了那麼多的油條。可是，今天他是瑞宣的保護者，他既知道瑞宣是讀書人，不慣走路，又曉得他吐過血，更不可過度的勞動，所以不能信著自己的意兒就這麼走下去。「咱們雇輛轎車吧？」他問。

瑞宣搖了搖頭。他知道坐轎車的罪孽有多麼大。他還記得幼時和母親坐轎車上墳燒紙，怎樣把他的頭碰出多少稜角與疙疸來。

「雇洋車呢？」

「都是土路，拉不動！」

「騎驢怎樣？」即使孫七的近視眼沒看見街口上的小驢，他可也聽見了牠們的鈴聲。

瑞宣搖了搖頭。都市的人怕牲口，連個毛驢都怕降服不住。

「走著好！又暖和，又自由！」孫七這才說出了真意。「可是，你能走那麼遠嗎？累著了可不是玩的！」

「慢慢的走，行！」雖然這麼說，瑞宣可並沒故意的慢走。事實上，他心中非常的著急，恨不能一步就邁到了墳地上。

出了關廂，他們走上了大土道。太陽已經上來。這裡的太陽不像在城裡那樣要拐過多少房簷，轉過多少牆角，才能照在一切的東西上，而是剛一出來就由最近照到最遠的地方。低頭，他們在黃土上看到自己的淡淡的影子；抬頭，他們看到無邊無際的黃地，都被日光照亮。那點曉風已經停止，太陽很紅很低，像要把冬天很快的變為春天。空氣還是很涼，可是乾燥，清淨，使人覺得痛快。瑞宣不由的抬起頭來。這空曠，清涼，明亮，好像把他的心打開，使他無法不興奮。

路上差不多沒有行人，只偶爾的遇到一輛大車，和一兩個拾糞的小孩或老翁。往哪邊看，哪邊是黃的田地，沒

有一棵綠草，沒有一株小樹，只是那麼平平的，黃黃的，像個旱海。遠處有幾株沒有葉子的樹，樹後必有個小村，也許只有三五戶人家；炊煙直直的，圓圓的，在樹旁慢慢的往上升。雞鳴和犬吠來自村間，隱隱的，又似乎很清楚的，送到行人的耳中。離大道近的小村裡還發出叱呼牛馬或孩子的尖銳的人聲，多半是婦女的，尖銳得好像要把青天劃開一條縫子。在那裡，還有穿著紅襖的姑娘或婦人在籬笆外推磨。哪裡都沒有一點水，到處都是乾的，遠處來的大車，從老遠就踢起一股黃煙。地上是乾的，天上沒有一點雲，空氣中沒有一點水分，連那遠近的小村都彷彿沒有一點濕的或暖的氣兒，黃的土牆，或黃的籬笆，與灰的樹幹，都是乾的，像用彩粉筆剛剛畫上的。

　　看著看著，瑞宣的眼有點發花了。那些單調的色彩，在極亮的日光下，像硬刺入他的眼中，使他覺得難過。他低下頭去。可是腳底下的硬而仍能飛騰的黃土也照樣的刺目，而且道路兩旁的翻過土的田地，一畦一畦的，一疙疸一塊的，又使他發暈。那不是一畦一畦的田地，而是什麼一種荒寒的，單調的，土浪。他不像剛才那麼痛快了。他半閉著眼，不看遠處，也不看腳下，就那麼深一腳淺一腳

的走。他是走入了單調的華北荒野，雖然離北平幾步，卻彷彿已到了荒沙大漠。越走，腳下越沉。那些軟的黃土，像要抓住他的鞋底，非用很大的力氣，不能拔出來。他出了汗。

孫七也出了汗。他本想和瑞宣有一搭無一搭的亂說，好使瑞宣心中不專想著喪事。可是，他不敢多說，他須保存著口中的津液。什麼地方都是乾的，而且遠近都沒有小茶館。他後悔沒有強迫瑞宣僱車或騎驢。

默默無語的，他們往前走。帶著馬尿味兒的細黃土落在他們的鞋上，鑽入襪子中，塞滿了他們的衣褶，鼻孔，與耳朵眼兒，甚至於走進他們的喉中。天更藍了，陽光更明暖了，可是他們覺得是被放進一個極大又極小的，極亮又極迷糊的，土窩窩裡。

好容易，他們看見了土城——那在韃子統轄中國時代的，現在已被人遺忘了的，只剩下幾處小土山的，北平。看見了土城，瑞宣加快了腳步。在土城的那邊，他會看見那最可愛的老人——常二爺。他將含著淚告訴常二爺，他

的父親怎樣死去，死得有多麼慘。對別人，他不高興隨便的訴委屈，但是常二爺既不是泛泛的朋友，又不是沒有心肝的人。常二爺是，據他看，與他的父親可以放在同一類中的好人。他應當，必須，告訴常二爺一切，還沒有轉過土城，他的心中已看見了常二爺的住處：門前有一個小小的，長長的，亮亮的，場院；左邊有兩棵柳樹，樹下有一盤石磨；短短的籬笆只有一人來高，所以從遠處就可以看到屋頂上曬著的金黃色的玉米和幾串紅艷辣椒。他也想像到常二爺屋中的樣子，不單是樣子，而且聞到那無所不在的柴煙味道，不十分好聞，可是令人感到溫暖。在那屋中，最溫暖的當然是常二爺的語聲與笑聲。

「快到了！一轉過土城就是！」他告訴孫七。

轉過了土城，他揉了揉眼。嗯？只有那兩棵柳樹還在，其餘的全不見了！他不能信任了他的眼睛，忘了疲乏，他開始往前跑。離柳樹還有幾丈遠，他立定，看明白了：那裡只有一堆灰燼，連磨盤也不見了。

他楞著，像釘在了那裡。

「怎麼啦？怎麼啦？」孫七莫名其妙的問。

瑞宣回答不出來。又楞了好久，他回頭看了看墳地，然後慢慢的走過去。自從日本人佔據了北平，他就沒上過墳。雖然如此，他可是很放心，他知道常二爺會永遠把墳頭拍得圓圓的，不會因沒人來燒紙而偷懶。今天，那幾個墳頭既不像往日那麼高，也不那麼整齊。衰草在墳頭上爬爬著，土落下來許多。他呆呆的看著那幾個不體面的，東缺一塊西缺一塊的，可能的會漸漸被風雨消滅了的，土堆堆兒。看了半天，他坐在了那乾鬆的土地上。

「怎麼回事？」孫七也坐了下去。

瑞宣手裡不知不覺的揉著一點黃土，簡單的告訴明白了孫七。

「糟啦！」孫七著了急。「沒有常二爺給打坑，咱們找誰去呢？」

　　沉默了好大半天，瑞宣立了起來，再看常家的兩棵柳樹。離柳樹還有好幾箭遠的地方，他看見馬家的房子，也很小，但是樹木較多，而且有一棵是松樹。他記得常二爺那次進城，在城門口罰跪，就是為給馬家大少爺去買六神丸。「試試馬家吧！」他向松樹旁邊，指了指。

　　走到柳樹旁邊，孫七拾了一條柳棍兒，「鄉下的狗可厲害！拿著點東西吧！」

　　說著，他們已聽見犬吠——鄉間地廣人稀，狗們是看見遠處一個影子都要叫半天的。瑞宣彷彿沒理會，仍然慢慢的往前走。兩條皮毛模樣都不體面，而自以為很勇敢，偉大的，黃不黃，灰不灰的狗迎上前來。瑞宣還不慌不忙的走，對著狗走。狗們讓過去瑞宣，直撲了孫七來，因為他手中有柳棍。

　　孫七施展出他的武藝，把棍子耍得十分伶俐，可是不單沒打退了狗，而且把自己的膝磕碰得生疼。他喊叫起來：「啾！打！看狗啊！有人沒有？看狗！」

由馬家跑出一群小娃娃來，有男有女，都一樣的骯髒，小衣服上的污垢被日光照得發亮，倒好像穿著鐵甲似的。

小孩子嚷了一陣，把一位年輕的婦人嚷出來——大概是馬大少爺的太太。她的一聲尖銳而細長的呼叱，把狗們的狂吠阻止住。狗們躲開了一些，伏在地上，看著孫七的腿腕，低聲的嗚——嗚——嗚的示威。

瑞宣跟少婦說了幾句話，她已把事聽明白。她曉得祁家，因為常常聽常二爺說起。她一定請客人到屋裡坐，她有辦法，打坑不成問題。她在前面引路，瑞宣，孫七，孩子，和兩條狗，全在後面跟著。屋裡很黑，很髒，很亂，很臭，但是少婦的誠懇與客氣，把這些缺點全都補救過來。她道歉，她東一把西一把的掃除障礙物，給客人們找座位。然後，她命令身量高的男娃娃去燒柴煮水，教最大的女孩子去洗幾塊白薯，給客人充飢：「唉，來到我們這裡，就受了罪啦！沒得吃，沒得喝！」她的北平話說得地道而嘹亮，比城裡人的言語更純樸悅耳。然後，她命令小一點的，不會操作，而會跑路的孩子們，分頭去找家中的男人——他們有的出去拾糞，有的是在鄰家閒說話兒。最後，她把

兩條狗踢出屋門外，使孫七心中太平了一點。

　　男孩子很快的把柴燃起，屋中立刻裝滿了煙。孫七不住的打噴嚏。煙還未退，茶已煮熱。兩個大黃沙碗，盛著滿滿的淡黃的湯——茶是嫩棗樹葉作的。而後女孩子用衣襟兜著好幾大塊，剛剛洗淨的紅皮子的白薯，不敢直接的遞給客人，而在屋中打轉。

　　瑞宣沒有閒心去想什麼，可是他的淚不由的來到眼中。這是中國人，中國文化！這整個的屋子裡的東西，大概一共不值幾十塊錢。這些孩子與大人大概隨時可以餓死凍死，或被日本人殺死。可是，他們還有禮貌，還有熱心腸，還肯幫別人的忙，還不垂頭喪氣。他們什麼也沒有，連件乾淨的衣服，與茶葉末子，都沒有，可是他們又彷彿有了一切。他們有自己的生命與幾千年的歷史！他們好像不是活著呢，而是為什麼一種他們所不瞭解的責任與使命掙扎著呢。剝去他們的那些破爛污濁的衣服，他們會和堯舜一樣聖潔，偉大，堅強！

　　五十多歲的馬老人先回來了，緊跟著又回來兩個年輕

的男人。馬老人一口答應下來，他和兒子們馬上去打坑。

瑞宣把一碗黃湯喝淨。而後拿了一塊生的白薯，他並不想吃，而是為使少婦與孩子們安心。

老人和青年們找到一切開坑的工具，瑞宣、孫七跟著他們又到了墳地上。後邊，男孩子提著大的沙壺，拿著兩個沙碗，小姑娘還兜著白薯，也都跟上來。

瑞宣，剛把開坑的地點指定了，就問馬老人：「常二爺呢？」馬老人楞了會兒，指了指西邊。那裡有一個新的墳頭兒。「死──」瑞宣只說出這麼一個字，他的胸口又有些發癢發辣。

馬老人歎了口氣。拄著鐵鍬的把子，眼看著常二爺的墳頭，楞了半天。

「怎麼死的？」瑞宣揉著胸口問。

老人一邊鏟著土，一邊回答：「好人哪！好人哪！好

人可死得慘！那回，他替我的大小子去買藥，不是——」

「我曉得！」瑞宣願教老人說得簡單一些。

「對呀，你曉得。回家以後，他躺了三天三夜，茶也不思，飯也不想！他的這裡，」老人指了指自己的心窩，「這裡受了傷！我們就勸哪，勸哪，可是解不開他心裡的那個扣兒，他老問我一句話：我有什麼錯兒？日本人會罰我跪？慢慢的，他起來了，可還不大吃東西。我們都勸他找點藥吃，他說他沒有病，一點病沒有。你知道，他的脾氣多麼硬。慢慢的，他又躺下了，便血，便血！我們可是不知道，他不肯告訴我們。一來二去，他——多麼硬朗的人——成了骨頭架子。到他快斷氣的時候，他把我們都叫了去，當著大家，他問他的兒子，大牛兒，你有骨頭沒有？有骨頭沒有？給我報仇！報仇！一直到他死，他的嘴老說，有時候有聲兒，有時候沒聲兒，那兩個字——報仇！」老人直了直腰，又看了常二爺的墳頭一眼。「大牛兒比他的爸爸脾氣更硬，記住報仇兩個字。他一天到晚在墳前嘀咕。我們都害了怕。什麼話呢，他要是真去殺一個日本人，哼，這五里以內的人家全得教日本人燒光。我們掰開揉碎的勸

121

他，差不多要給他跪下了，他不聽；他說他是有骨頭的人。等到收莊稼的時候，日本人派來了人看著我們，連收了多少斤麥稭兒都記下來。然後，他們趕來了大車，把麥子，連麥稭兒，都拉了走。他們告訴我們：拉走以後，再發還我們，不必著急。我們怎能不著急呢？誰信他們的話呢？大牛兒不慌不忙的老問那些人：日本人來不來呢！日本人來不來呢？我們知道，他是等著日本人來到，好動手。人哪，祁大爺，是奇怪的東西！我們明知道，糧食教他們拉走，早晚是餓死，可是我們還怕大牛兒惹禍，倒彷彿大牛兒一老實，我們就可以活了命！」老人慘笑了一下，喝了一大碗棗葉的茶。用手背擦了擦嘴，他接著說：「大牛兒把老婆孩子送到她娘家去，然後打了點酒，把那些搶糧的人請到家中去。我們猜得出：他是不想等日本人了，先收拾幾個幫日本人忙的人，解解氣。他們一直喝到太陽落了山。在剛交頭更的時候，我們看見了火光。火，很快的燒起來，很快的滅下去；燒得一乾二淨，光剩下那兩棵柳樹。氣味很臭，我們知道那幾個人必是燒在了裡面。大牛兒是死在了裡面呢，還是逃了出去，不知道！我們的心就揪成了一團兒，怕日本人來屠村子。可是，他們到今天，也沒有來。我猜呀，大概死的那幾個都是中國人，所以日本人

沒把這件事放在心上。多麼好的一家人哪，就這麼完了，完了，像個夢似的完了！」

老人說完，直起腰來，看了看兩棵柳樹，看了看兩邊的墳頭兒。瑞宣的眼睛隨著老人的向左右看，可是好像沒看到什麼；一切，一切都要變成空的，都要死去，整個的大地將要變成一張紙，連棵草都沒有！一切是空的，他自己也是空的，沒有作用，沒有辦法，只等寂寂的死去，和一切同歸於盡！

快到晌午，坑已打好，瑞宣給馬老人一點錢，老人一定不肯收，直到孫七起了誓：「你要不收，我是條小狗子！」老人才收了一半。瑞宣把其餘的一半，塞在提茶壺的男孩兒手中。

瑞宣沒再回到馬家，雖然老人極誠懇的勸讓。他到常二爺的墳前，含淚磕了三個頭，口中嘟囔著：「二爺爺，等著吧，我爸爸就快來和你作伴兒了！」

孫七靈機一動，主張改走西邊的大道，因為他們好順

腳到三仙觀看看。馬老人送出他們老遠,才轉身回家。

　　三仙觀裡已經有幾位祁家的至親陪著瑞豐,等候祁家的人到齊好入殮。瑞豐已穿上孝衣,紅著眼圈跟大家閒扯,他口口聲聲抱怨父親死得冤枉,委屈,——不是為父親死在日本人手裡,而是為喪事辦得簡陋,不大體面。他言來語去的,也表示出他並不負責,因為瑞宣既主持家務,又是洋鬼子脾氣,不懂得爭體面,而只懂把錢穿在肋條骨上。看見大哥和孫七進來,他嚷嚷得更厲害了些,生怕大哥聽不懂他的意思。看瑞宣不理會他,他便特意又痛哭了一場,而後張羅著給親友們買好煙好茶好酒,好像他跟錢有仇似的。

　　四點半鐘,天祐入了殮。

第六十二章

　　程長順忙得很，不單手腳忙，心裡也忙。所以，他沒能到祁家來幫忙。這使他很難過，可是無可如何。

　　高亦陀把長順約到茶館裡去談一談。亦陀很客氣，坐下就先付了茶錢。然後，真照著朋友在一塊兒喫茶談天的樣子，他扯了些閒篇兒。他問馬老太太近來可硬朗？他們的生活怎樣，還過得去？他也問到孫七，和丁約翰。程長順雖然頗以成人自居，可是到底年輕，心眼簡單，所以一五一十的回答，並沒覺出亦陀只是沒話找話的閒扯。

　　說來說去，亦陀提到了小崔太太。長順回答得更加詳細，而且有點興奮，因為小崔太太的命實在是他與他的外婆給救下來的，他沒法不覺得驕傲。他並且代她感謝亦陀：「每月那十塊錢，實在太有用了，救了她的命！」亦陀彷彿完全因為長順提醒，才想起那點錢來：「嘔，你要不說，我還忘了呢！既說到這兒，我倒要跟你談一談！」他輕輕的挽起袍袖，露出雪白的襯衫袖口來。然後，他慢慢的把

手伸進懷裡，半天才掏出那個小本子來——長順認識那個小本子。掏出來，他吸著氣兒，一頁一頁的翻。翻到了一個地方，他細細的看，而後跟往上看，捏著手指算了一會兒。算完，他噗哧的一笑：「正好！正好！五百塊了！」

「什麼？」程長順的眼睜得很大。「五百？」

「那還有錯？咱們這是公道玩藝兒！你有賬沒有？」亦陀還微笑著，可是眼神不那麼柔和了。

長順搖了搖大腦袋。

「你該記著點賬！無論作什麼事，請你記住，總要細心，不可馬馬虎虎！」

「我知道，那不是『給』她的錢嗎？何必記賬呢？」長順的鼻音加重了一些。

「給——她的？」亦陀非常的驚異，眨巴了好大半天的眼。

「這個年月，你想想，誰肯白給誰一個錢呢？」「你不是說，」長順嗅出怪味道。

「我說？我說她借的錢，你擔的保；這裡有你的簽字！連本帶利，五百塊！」

「我，我，我，」長順說不上話來了。

「可不是你！不是你，難道還是我？」亦陀的眼整個的盯在長順的臉上，長順連一動也不敢動了。

眼往下看著，長順嗚囔出一句：「這是什麼意思呢？」「來，來，來！別跟我裝傻充楞，我的小兄弟！」亦陀充分的施展出他的言語的天才來：「當初，你看她可憐；誰能不可憐她呢？人同此心，心同此理，我不能怪你！你有個好心腸！所以，你來跟我借錢。」

「我沒有！」

「唉，唉，年輕輕的，可不能不講信義！」亦陀差不

多是苦口婆心的講道了。「處世為人，信義為本！人而無信，不知其可也！」

「我沒跟你借錢！你給我的！」長順的鼻子上出了汗。

亦陀的眼瞇成一道縫兒，脖子伸出多長，口中的熱氣吹到長順的腦門上；「那麼，是誰，是誰，我問你，是誰簽的字呢？」

「我！我不知道──」

「簽字有自己不知道的？胡說！亂說！我要不看在你心眼還不錯的話，馬上給你兩個嘴巴子！不要胡說，咱們得商議個辦法。這筆賬誰負責還？怎麼還？」

「我沒辦法，要命有命！」長順的淚已在眼圈中轉。「不准耍無賴！要命有命，像什麼話呢？要往真理說，要你這條命，還真一點不費事！告訴你吧，這筆錢是冠所長的。她託我給放放賬，吃點利。你想想，即使我是好說話的人──我本是好說話的人──我可也不能給冠所長丟了

錢，放了禿尾巴鷹啊！我惹不起她，不用說，你更惹不起她。好，她跺一跺腳就震動了大半個北京城，咱們，就憑咱們，敢在老虎嘴裡掏肉吃？她有勢力，有本領，有膽量，有日本人幫助她，咱們，在她的眼裡，還算得了什麼呢？不用說你，就是我要交不上這五百元去，哼，她準會給我三年徒刑，一天也不會少！你想想看！」

長順的眼中要冒出火來。「教她給我三年監禁好了。我沒錢！小崔太太也沒錢！」

「話不是這樣講！」亦陀簡直是享受這種談話呢，他的話一擒一縱，有鉤有刺，伸縮自如。「你下了獄，馬老太太，你的外婆，怎麼辦呢？她把你拉扯到這麼大，容易嗎？」他居然揉了一下眼，好像很動心似的。「想法子慢慢的還債吧，你說個辦法，我去向冠所長求情。就比如說一月還五十，十個月不就還清了嗎？」

「我還不起！」

「這可就難辦了！」亦陀把袖口又放下來，揣著手，

擰著眉，替長順想辦法。想了好大半天，他的靈機一動：
「你還不起，教小崔太太想辦法呀！錢是她用了的，不是
嗎？」「她有什麼辦法呢？」長順抹著鼻子上的汗說。

亦陀把聲音放低，親切誠懇的問：「她是你的親戚？」
長順搖了搖頭。

「你欠她什麼情？」

長順又搖了搖頭。

「完啦！既不沾親，又不欠情，你何苦替她背著黑鍋
呢？」長順沒有說什麼。

「女人呀，」亦陀彷彿想起個哲學上的問題似的，有
腔有調的說：「女人呀，比咱們男人更有辦法，我們男人
幹什麼都得要資本，女人方便，她們可以赤手空拳就能謀
生掙錢。女人們，嗚，我羨慕她們！她們的臉，手，身體，
都是天然的資本。只要她們肯放鬆自己一步，她們馬上就
有金錢，吃穿，和享受！就拿小崔太太說吧，她年輕，長

得滿下得去，她為什麼不設法找些快樂與金錢呢？我簡直不能明白！」「你什麼意思？」長順有點不耐煩了。

「沒有別的意思，除了我要提醒她，幫助她，把這筆債還上！」

「怎麼還？」

「小兄弟，別怪我說，你的腦子實在不大靈活；讀書太少的關係！是的，讀書太少！」

「你說乾脆的好不好？」長順含著怒央告。

「好，我們說乾脆的！」亦陀用茶漱了漱口，噴在了地上。「她或你，要是有法子馬上還錢，再好沒有。要是不能的話，你去告訴她，我可以幫她的忙。我可以再借給她五十元錢，教她作兩件花哨的衣服，燙燙頭髮。然後，我會給她找朋友，陪著她玩耍。我跟她對半分賬。這筆錢可並不歸我，我是替冠所長收賬，巡警不會來麻煩她，我去給她打點好。只要她好好的幹，她的生意必定錯不了。

那麼以後我就專去和她分賬，這五百元就不再提了！」

「你是教她賣——」長順兒的喉中噎了一下，不能說下去。「這時興的很！一點兒也不丟人！你看，」亦陀指著那個小本子，「這裡有多少登記過的吧！還有女學生呢！好啦，你回去告訴她，再給我個回話兒。是這麼辦呢，咱們大家都是朋友；不是呢，你們倆馬上拿出五百元來。你要犯牛脖子不服氣呢——不，我想你不能，你知道冠所長有多麼厲害！好啦，小兄弟，等你的回話兒！麻煩你呀，對不起！你是不是要吃點什麼再回去呢？」亦陀立起來。

長順莫名其妙的也立起來。

亦陀到茶館門口拍了拍長順的肩頭，「等你的回話兒！慢走！慢走！」說完，他好像怪捨不得離開似的，向南走去。

長順兒的大頭裡像有一對大牛蜂似的嗡嗡的亂響。在茶館外楞了好久，他才邁開步兒，兩隻腳像有一百多斤沉。走了幾步，他又立住。不，他不能回家，他沒臉見外婆和

小崔太太。又楞了半天，他想起孫七來。他並不佩服孫七，但孫七到底比他歲數大，而且是同院的老鄰居，說不定他會有個好主意。

在街上找了半天，他把孫七找到。兩個人進了茶館，長順會了茶資。

「喝！了不得，你連這一套全學會了！」孫七笑著說。

長順顧不得閒扯。他低聲的，著急的，開門見山的把事情一五一十的告訴了孫七。

「哼！我還沒想到冠家會這麼壞，媽的狗日的！怪不的到處都是暗門子呢，敢情有人包辦！妹妹的！告訴你，日本人要老在咱們這兒住下去，誰家的寡婦，姑娘，都不敢說不當暗門子！」

「先別罵街，想主意喲！」長順央告著。

「我要有主意才怪！」孫七很著急，很氣憤，但是沒

有主意。

「沒主意也得想！想！想！快著！」

孫七閉上了近視眼，認真的去思索。想了不知有多久。他忽然的睜開了眼：「長順！長順！你娶了她，不就行了嗎？」「我？」長順的臉忽然的紅了。「我娶了她？」「一點不錯！娶了她！她成了你的老婆，看他們還有什麼辦法呢！」

「那五百塊錢呢？」

「那！」孫七又閉上了眼。半天，他才又說話：「你的生意怎樣？」

長順的確是氣糊塗了，竟自忘了自己的生意。經孫七這一提示，他想起那一千元錢來。不過，那一千元，除去一切開銷，也只許剩五六百元，或更少一點。假若都拿去還債，他指仗著什麼過日子呢？況且，冠家分明是敲詐；他怎能把那千辛萬苦掙來的錢白送給冠家呢？思索了半天，

他對孫七說：「你去和我外婆商議商議，好不好？」他沒臉見外婆，更沒法開口對外婆講婚姻的事。

「連婚事也說了？」孫七問。

長順不知怎麼回答好。他不反對娶了小崔太太。即使他還不十分明白婚姻的意義與責任，可是為了搭救小崔太太，他彷彿應當去冒險。他傻子似的點了頭。

孫七覺出來自己的重要。他今天不單沒被長順兒駁倒，而且為長順作了媒。這是不可多得的事。

孫七回了家。

長順兒可不敢回去。他須找個清靜地方，去涼一涼自己的大腦袋。慢慢的他走向北城根去。坐在城根下，他翻來覆去的想，越想越生氣。但是，生氣是沒有用的，他得想好主意，那足以一下子把大赤包和高亦陀打到地獄裡去的主意。好容易，他把氣沉下去。又待了好大半天，他想起來了：去告，去告他們！

到哪裡去告狀呢？他不知道。

怎麼寫狀紙呢？他不會。

告狀有用沒有呢？他不曉得。

假若告了狀，日本人不單不懲罰大赤包與高亦陀，而反治他的罪呢？他的腦門上又出了汗。

不過，不能管那麼多，不能！當他小的時候，對得罪了他的孩子們，即使他不敢去打架，他也要在牆上用炭或石灰寫上，某某是個大王八，好出一口惡氣，並不管大王八對他的敵人有什麼實際的損害與挫折。今天，他還須那麼辦，不管結果如何，他必須去告狀；不然，他沒法出這口惡氣。

糊里糊塗的，他立起來，向南走。在新街口，他找到一位測字的先生。花了五毛錢，他求那位先生給他寫了狀子。那位先生曉得狀紙內容的厲害，也許不利於告狀人。

但是，為了五毛錢的收入，他並沒有警告長順。狀紙寫完，先生問：「遞到什麼地方去呢？」

「你說呢？」長順和測字先生要主意。

「市政府吧？」先生建議。

「就好！」長順沒特別的用心去考慮。

拿起狀紙，他用最快的腳步，直奔市政府去。他拚了命。是福是禍，都不管了。他當初沒聽瑞宣的話，去加入抗日的軍隊，滿以為就可以老老實實的奉養著外婆。誰知道，閉門家中坐，禍從天上來。大赤包會要教他破產，或小崔太太作暗娼。好吧，幹幹看吧！反正他只有一條命，拚吧！他想起來錢家的，祁家的，崔家的，不幸與禍患，我不再想當個安分守己的小老人了，他須把青春的熱血找回來，不能傻蛋似的等著鋼刀放在脖子上。他必須馬上把狀紙遞上去，一猶疑就會失去勇氣。

把狀子遞好，他往回走。走得很慢了，他開始懷疑自

己的智慧,有點後悔。但是,後悔已太遲了,他須挺起胸膛,等著結果,即使是最壞的結果。

孫七把事情辦得很快。在長順還沒回來的時候,他已經教老少兩個寡婦都為上了難。馬老太太對小崔太太並沒有什麼挑剔,但是,給外孫娶個小寡婦未免太不合理。再說,即使她肯將就了這門親事,事情也並不就這麼簡單的可以結束,而還得設法還債呀。她沒了主意。

小崔太太呢,聽明白孫七的話,就只剩了落淚。還沒工夫去細想,她該再嫁不該,和假若願再嫁應該嫁給誰。她只覺得自己的命太苦,太苦,作了寡婦還不夠,還須去作娼!落著淚,她立了起來。她要到冠家去拚命。她是小崔的老婆,到被逼得無路可走的時候,她會撒野,會拚命!「好,我欠他們五百元哪,我還給他們這條命還不行嗎?我什麼也沒有,除了這條命!」她的眉毛立起來,說著就往外跑。她忘了她是寡婦,而要痛痛快快的在冠家門外罵一場,然後在門上碰死。她願意死,而不能作暗娼。

孫七嚇慌了,一面攔著她,一面叫馬老太太。「馬老

太太，過來呀！我是好心好意，我要有一點壞心，教我不得好死！快來！」

馬老太太過來了，可是無話可說。兩個寡婦對楞起來。楞著楞著，她們都落了淚，她們的委屈都沒法說，因為那些委屈都不是由她們自己的行為招來的，而是由一種莫名其妙的，無可抵禦的什麼，硬壓在她們的背上的。她們已不是兩條可以自由活著的性命，而是被狂風捲起的兩片落葉；風把她們刮到什麼地方去，她們就得到什麼地方去，不管那是一汪臭水，還是一個糞坑。

在這種心情下，馬老太太忘了什麼叫謹慎小心。她拉住了小崔太太的手。她只覺得大家能在一塊兒活著，關係更親密一點，彷彿就是一種抵禦「外侮」的力量。

正在這時候，長順兒走進來。看了她們一眼，他走到自己屋中去。他不敢表示什麼，也顧不得表示什麼。他非常的怕那個狀子會惹下極大的禍來！

第六十三章


　　把父親安葬了以後，瑞宣病了好幾十天。

　　天祐這一死，祁家可不像樣子了。雖然在他活著的時候，他並不住在家裡，可是大家總彷彿覺得他老和他們在一處呢。家裡每逢得到一點好的茶葉，或作了一點迎時當令的食品，大家不是馬上給他送去，便是留出一點，等他回來享用。他也是這樣，哪怕他買到一些櫻桃或幾塊點心，他也必抓工夫跑回家一會兒，把那點東西獻給老父親，而後由老父親再分給大家。

　　特別是因為他不在家裡住，所以大家才分外關心他。雖然他離他們不過三四里地，可是這點距離使大家心中彷彿有了一小塊空隙，時時想念他，說叨他。這樣，每逢他回來，他與大家就特別顯出親熱，每每使大家轉怒為喜，改沉默為歡笑，假若大家正在犯一點小彆扭或吵了幾句嘴的話。

他沒有派頭，不會吹鬍子瞪眼睛。進了家門，他一點
也不使大家感到「父親」回來了。他只是那麼不聲不響的，
像一股溫暖的微風，使大家感到點柔軟的興奮。同時，大
家也都知道他對這一家的功績與重要，而且知道除了祁老
人就得算他的地位與輩數最高，因為知道這些，大家對他
才特別的敬愛。他們曉得，一旦祁老人去世，這一家的代
表便當然是他了，而他是這麼容易伺候，永遠不鬧脾氣，
豈不是大家的福氣麼？沒有人盼望祁老人快死，但是不幸
老人一旦去世，而由天祐補充上去，祁家或者就更和睦光
明了。他是祁家的和風與陽光，他會給祁家的後輩照亮了
好幾代。祁老人只得到了四世同堂的榮譽，天祐，說不定，
還許有五世同堂的造化呢！

這樣的一個人卻死去了，而且死得那麼慘！

在祁老人，天祐太太，瑞豐，與韻梅心裡，都多少有
點迷信。假若不是天祐，而是別人，投了河，他們一定會
感到不安，怕屈死鬼來為厲作祟。但是，投河的是天祐。
大家一追想他的溫柔老實，就只能想起他的慈祥的面容，
而想像不到他可能的變為厲鬼。大家只感到家中少了一個

人，一個最可愛的人，而想不到別的。

　　因此，在喪事辦完之後，祁家每天都安靜得可怕。瑞宣病倒，祁老人也時常臥在炕上，不說什麼，而鬍子嘴輕輕的動。天祐太太瘦得已不像樣子，穿著件又肥又大的孝袍，一聲不出，而出來進去的幫助兒媳操作。她早就該躺下去休養，她可是不肯。她知道自己已活不很久，可是她必須教瑞宣看看，她還能作事，一時不會死去，好教他放心。她知道，假若家裡馬上再落了白事，瑞宣就毫無辦法了。她有病，她有一肚子的委屈，但是她既不落淚，也不肯躺下。她須代丈夫支持這個家，使它不會馬上垮臺。

　　瑞豐一天到晚還照舊和一群無賴子去鬼混。沒人敢勸告他。「死」的空氣封住了大家的嘴，誰都不想出聲，更不要說拌幾句嘴了。

　　苦了韻梅，她須設法博得大家的歡心，同時還不要顯出過度的活躍，省得惹人家說她沒心沒肺。她最關切丈夫的病，但是還要使爺爺與婆母不感到冷淡。她看不上瑞豐的行動，可是不敢開口說他；大家還都穿著熱孝，不能由

她挑著頭兒吵架拌嘴。

　　喪事辦得很簡單。可是，幾乎多花去一倍錢。婚喪事的預算永遠是靠不住的。零錢好像沒有限制，而瑞豐的給大家買好煙，好酒，好茶，給大家僱車，添菜，教這無限制的零用變成隨意的揮霍。瑞宣負了債。祁家一向沒有多少積蓄，可是向來不負債。祁老人永遠不准大家賒一斤炭，或欠人家一塊錢。瑞宣不敢告訴祖父，到底一共花了多少錢。天祐太太知道，可也不敢在長子病著的時候多說多問。韻梅知道一切，而且覺得責無旁貸的須由她馬上緊縮，雖然多從油鹽醬醋裡節省一文半文的，並無濟於事，可是那到底表現了她的責任心。但是，手一緊，就容易招大家不滿，特別是瑞豐，他的煙酒零用是不能減少的，減少了他會吵鬧，使老人們焦心。她的大眼睛已不那麼水靈了，而是離離光光的，像走迷了路那樣。

　　韻梅和婆母商議，好不好她老人家搬到老三的屋裡來，而把南屋租出去，月間好收入兩個租錢。房子現在不好找，即使南屋又暗又冷，也會馬上租出去，而且租價不會很低。

143

　　天祐太太願意這麼辦。瑞宣也不反對。這可傷了祁老人的心。在當初，他置買這所房子的時候，因為人口少，本來是有鄰居的。但是，那時候他的眼是看著將來，他準知道一旦人口添加了，他便會把鄰居攆了走，而由自己的兒孫完全佔滿了全院的房屋。那時候，他是一棵正往高大裡生長的樹，他算得到，不久他的枝葉就會鋪展開。現在，兒子死了，馬上又要往外租房，他看明白這是自己的枝葉凋落。怎麼不死了呢？他問自己。為什麼不乘著全鬚全尾的時候死去，而必等著自己的屋子招租別人呢？

　　雖然這麼難過，他可是沒有堅決的反對。在這荒亂的年月，個人的意見有什麼用處呢？他含著淚去告訴了李四爺：「有合適的人家，你分心給招呼一下，那兩間南屋——」

　　李老人答應給幫忙，並且囑咐老友千萬不要聲張，因為消息一傳出去，馬上會有日本人搬來，北平已增多了二十萬日本人，他們見縫子就鑽，說不定不久會把北平人擠走一大半的！是的，日本人已開始在平則門外八里莊建設新北平，好教北平人去住，而把城裡的房子勻給日本人。

日本人似乎拿定了北平，永遠不再放手。

當天，李四爺就給了回話，有一家剛由城外遷來的人，一對中年夫婦，帶著兩個孩子，願意來往。

祁老人要先看一看租客。他小心，不肯把屋子隨便租給不三不四的人。李四爺很快的把他們帶了來。這一家姓孟。從西苑到西山，他們有不少的田地。日本人在西苑修飛機場，佔去他們許多畝地，而在靠近西山的那些田產，既找不到人去耕種，只要照常納稅完糧，所以他們決定放棄了土地，而到城裡躲一躲。孟先生人很老成，也相當的精明，舉止動作很有點像常二爺。孟太太是掉了一個門牙的，相當結實的中年婦人，看樣子也不會不老實。兩個孩子都是男的，一個十五歲，一個十二歲，長得虎頭虎腦的怪足壯。

祁老人一見孟先生有點像常二爺，馬上點了頭，並且拉不斷扯不斷的對客人講說常二爺的一切。孟先生雖然不曉得常二爺是誰，可也順口答音的述說自己的委屈。患難使人心容易碰在一處，發出同情來，祁老人很快的和孟先

生成為朋友。雖然如此,他可是沒忘了囑告孟先生,他是愛體面愛清潔的人。孟先生聽出來老人的弦外之音,立刻保證他必不許孩子們糟蹋院子,而且他們全家都老實勤儉,連一個不三不四的朋友也沒有。

第二天,孟家搬進來。祁老人雖然相當滿意他的房客,可是不由的就更思念去世了的兒子。在院中看著孟家出來進去的搬東西,老人低聲的說,「天祐!天祐!你回來可別走錯了屋子呀!你的南屋租出去了!」

馬老太太穿著乾淨的衣服,很靦腆的來看祁老人。她不是喜歡串門子的人,老人猜到她必定有要事相商。天祐太太也趕緊過來陪著說話。雖然都是近鄰,可是一來彼此不大常來往,二來因日本人鬧的每家都有一本難念的經,所以偶爾相見,話就特別的多。大家談了好大半天,把心中的委屈都多少傾倒出一些,馬老太太才說到正題。她來徵求祁老人的意見,假若長順真和小崔太太結婚,招大家恥笑不招?祁老人是全胡同裡最年高有德的人,假若他對這件事沒有什麼指摘,馬老太太便敢放膽去辦了。

　　祁老人遇見了難題。他幾乎無從開口了。假若他表示反對，那就是破壞人家的婚姻——俗語說得好，硬拆十座廟，不破一門婚呀！反之，他若表示同意吧，誰知道這門婚事是吉是凶呢？第一，小崔太太是個寡婦，這就不很吉祥。第二，她比長順的歲數大，也似乎不盡妥當。第三，即使他們決定結婚，也並不能解決了一切呀；大赤包的那筆錢怎辦呢？

　　他的小眼睛幾乎閉嚴了，也決定不了什麼。說話就要負責，他不能亂說。想來想去，他只想起來：「這年月，這年月，什麼都沒法辦！」

　　天祐太太也想不出主意來，她把瑞宣叫了過來。瑞宣的病好了一點，可是臉色還很不好看。把事情聽明白了，他馬上想到：「一個炸彈，把大赤包，高亦陀那群狗男女全炸得粉碎！」但是，他截住了這句最痛快，最簡截，最有實效的話。假若他自己不敢去扔炸彈，他就不能希望馬老太太或長順去那麼辦。他知道只有炸彈可以解決一切，可也知道即使炸彈就在手邊，他、馬老太太、長順，都不敢去扔！他自己下過獄，他的父親被日本人給逼得投了河，

他可表示了什麼？他只吐了血，給父親打了坑，和借了錢給父親辦了喪事，而沒敢去動仇人的一根汗毛！他只知道照著傳統的辦法，盡了作兒子的責任，而不敢正眼看那禍患的根源。他的教育、歷史、文化，只教他去敷衍，去低頭，去毫無用處的犧牲自己，而把報仇雪恨當作太冒險，過分激烈的事。

沉默了好久，他極勉強的把難堪與羞愧像壓抑一口要噴出的熱血似的壓下去，而後用他慣用的柔和的語調說：「據我看，馬老太太，這件婚事倒許沒有人恥笑。你、長順、小崔太太，都是正經人，不會招出閒言閒語來。難處全在他們倆結了婚，就給冠家很大很大的刺激。說不定他們會用盡心機來搗亂！」

「對！對！冠家什麼屎都拉，就是不拉人屎！」祁老人歎著氣說。

「可是，要不這麼辦吧，小崔太太馬上就要變成，變成──」馬老太太的嘴和她的衣服一樣乾淨，不肯說一個不好聽的字。看看這個，看看那個，她失去平日的安靜與

沉穩。

屋裡沒有了聲音，好像死亡的影子輕輕的走進來。剛交過五點。天短，已經有點像黃昏時候了。

馬老太太正要告辭，瑞豐滿頭大汗，像被鬼追著似的跑進來。顧不得招呼任何人，他一下子坐在椅子上，張著嘴急急的喘氣。

「怎麼啦？」大家不約而同的問。他只擺了擺手，說不上話來。大家這才看明白：他的小乾臉上碰青了好幾塊，袍子的後襟扯了一尺多長的大口子。

今天是義賑遊藝會的第一天，西單牌樓的一家劇場演義務戲。戲碼相當的硬，倒第三是文若霞的《奇雙會》，壓軸是招弟的《紅鸞禧》，大軸是名角會串《大溪皇莊》。只有《紅鸞禧》軟一點，可是招弟既長得美，又是第一次登台，而且戲不很長，大家也就不十分苛求。

冠家忙得天翻地覆。行頭是招弟的男朋友們「孝敬」

給她的，她試了五次，改了五次，叫來一位裁縫在家中專
伺候著她。亦陀忙著借頭面，忙著找來梳頭與化妝的專家。
大赤包忙著給女兒「徵集」鮮花籃，她必須要八對花籃在
女兒將要出台簾的時候，一齊獻上去。曉荷更忙，忙著給
女兒找北平城內最好的打鼓佬，大鑼與小鑼；又忙著叫來
新聞記者給招弟照化妝的與便衣的像片，以便事前和當日
登露在報紙上與雜誌上。此外，他還得寫詩與散文，好交
給藍東陽分派到各報紙去，出招弟女士特刊。他自己覺得
很有些天才，可是喝了多少杯濃茶與咖啡，還是一字寫不
出。他只好請了一桌客，把他認為有文藝天才的人們約來，
代他寫文章。他們的確有文才，當席就寫出了有「嬌小玲
瓏」，「小鳥依人」和「歌喉清囀」，「一串驪珠」，
「作工不瘟不火」這樣句子的文字。藍東陽是義賑遊藝會
的總幹事，所以忙得很，只能抽空兒跑來，向大家咧一咧
嘴。胖菊子倒常在這裡，可是胖得懶的動一動，只在大家
忙得稍好一點的時節，提議打幾圈牌。桐芳緊跟著招弟，
老給小姐拿著大衣，生怕她受了涼，丟了嗓音。

　　桐芳還抓著了空兒出去，和錢先生碰頭，商議。戲票
在前三天已經賣光。池子第四五排全留給日本人。一二三

排與小池子全被招弟的與若霞的朋友們定去。黑票的價錢已比原價高了三倍至五倍。若霞的朋友們看她在招弟前面出台，心中不平，打算在招弟一出來便都退席，給她個難堪。招弟的那一群油頭滑面的小鬼聽到這消息，也準備拚命給若霞喊倒好兒，作為抵抗。幸而曉荷得到了風聲，趕快約了雙方的頭腦，由若霞與招弟親自出來招待，還請了一位日本無賴出席鎮壓，才算把事情說妥，大家握了手，停止戰爭。瑞豐無論怎樣也要看上這個熱鬧。他有當特務的朋友，而特務必在開戲以前佈滿了劇場，因為有許多日本要人來看戲。他在午前十點便到戲園外去等，他的嘴張著，心跳的很快，兩眼東張西望，見到一個朋友便三步改作兩步的迎上去：「老姚！帶我進去喲！」待一會兒，又迎上另一個人：「老陳，別忘了我喲！」這樣對十來個人打過招呼，他還不放心，還東瞧瞧西看看預備再多託咐幾位。離開鑼還早，他可是不肯離開那裡，倒彷彿怕戲園會忽然搬開似的。慢慢的，他看到檢票的與軍警，和戲箱來到，他的心跳得更快了，嘴張得更大了些。他又去託咐朋友，朋友們沒好氣的說：「放心，落不下你！早得很呢，你忙什麼？」他張著嘴，嘻嘻兩聲，覺得自己有進去的把握，又怕朋友是敷衍他。他幾乎想要求他們馬上帶他進去，

就是看一兩個鐘頭光板凳也無所不可；進去了才是進去了。在門外到底不保險！可是，他沒好意思開口，怕逼急了他們反為不美。他買了塊烤白薯，面對戲園嚼著，看一眼白薯，看一眼戲園，恨不能一口也把戲園吞了下去。

按規矩說，他還在孝期裡，不應當來看戲。但是，為了看戲，他連命也肯犧牲了，何況那點老規矩呢。到了十一點多鐘，他差不多要急瘋了。拉住一位朋友，央告著非馬上進去不可。他已說不上整句的話來，而只由嘴中蹦出一兩個字。他的額上的青筋都鼓起來，鼻子上出著汗，手心發涼。朋友告訴他：「可沒有座兒！」他啊啊了兩聲，表示願意立著。

他進去了，坐在了頂好的座位上，看著空的台，空的園子，心中非常的舒服。他並上了嘴，口中有一股甜水，老催促著他微笑。他笑了。

好容易，好容易，台上才打通，他隨著第一聲的鼓，又張開了嘴，而且把脖子伸出去，聚精會神的看臺上怎麼打鼓，怎麼敲鑼。他的身子隨著鑼鼓點子動，心中浪蕩著

一點甜美的，有節奏的，愉快。

又待了半天，《天官賜福》上了場。他的脖子更伸得長了些。正看得入神，他被人家叫起來，「票」到了。他眼睛還看著戲台，改換了座位。待了一會兒，「票」又到了，他又換了座位。他絲毫沒覺到難堪，因為全副的注意都在台上，彷彿已經沉醉。改換了不知多少座位，到了《奇雙會》快上場，他稍微覺出來，他是站著呢。他不怕站著，他已忘了吃力的是他自己的腿。他的嘴張得更大了些，往往被煙嗆得咳嗽一下，他才用口液潤色它一下。

日本人到了，他欠著腳往台上看，顧不得看看日本人中有哪幾個要人。在換鑼鼓的當兒，他似乎看見了錢先生由他身旁走過去。他顧不得打招呼。小文出來，坐下，試笛音。他更高了興。他喜歡小文，佩服小文，小文天天在戲園裡，多麼美！他也看見了藍東陽在台上轉了一下。他應當恨藍東陽。可是，他並沒動心；看戲要緊。胖菊子和一位漂亮的小姐捧著花籃，放在了台口。他心中微微一動，只嚥了一口唾沫，便把她打發開了。曉荷在台簾縫中，往外探了探頭，他羨慕曉荷！

雖然捧場的不少，若霞可是有真本事，並不專靠著捧場的人給她喝彩。反之，一個碰頭好兒過後，戲園裡反倒非常的靜了。她的秀麗，端莊，沉穩，與適當的一舉一動，都使人沒法不沉下氣去。她的眼彷彿看到了台下的每一個人，教大家心中舒服，又使大家敬愛她。即使是特來捧場的也不敢隨便叫好了，因為那與其說是討好，還不如說是不敬。她是那麼瘦弱苗條，她又是那麼活動煥發，倒彷彿她身上有一種什麼魔力，使大家看見她的青春與美麗，同時也都感到自己心中有了青春的熱力與愉快。她控制住了整個的戲園，雖然她好像並沒分外的用力，特別的賣弄。

小文似乎已經忘了自己。探著點身子，橫著笛，他的眼盯住了若霞，把每一音都吹得圓，送到家。他不僅是伴奏，而是用著全份的精神把自己的生命化在音樂之中，每一個聲音都像帶著感情，電力，與光浪，好把若霞的身子與喉音都提起來，使她不費力而能夠飄飄欲仙。

在那兩排日本人中，有一個日本軍官喝多了酒，已經昏昏的睡去。在他的偶爾睜開的眼中，他似乎看到面前有

個美女子來回的閃動。他又閉上了眼，可是也把那個美女子關閉在眼中。一個日本軍人見了女的，當然想不起別的，而只能想到女人的「用處」。他又睜開了眼，並且用力揉了揉它們。他看明白了若霞。他的醉眼隨著她走，而老遇不上她的眼。他生了氣。他是大日本帝國的軍人，中國人的征服者，他理當可以蹂躪任何一個中國女子。而且，他應當隨時隨地發洩他的獸慾，儘管是在戲園裡。他想馬上由台上把個女的拖下來，扯下衣褲，表演表演日本軍人特有的本事，為日本軍人增加一點光榮。可是，若霞老不看他。他半立起來，向她「嘻」了一聲。她還沒理會。很快的，他掏出槍來。槍響了，若霞晃了兩晃，要用手遮一遮胸口，手還沒到胸前，她倒在了台上。樓上樓下馬上哭喊，奔跑，跌倒，亂滾，像一股人潮，一齊往外跑。瑞豐的嘴還沒並好，就被碰倒。他滾，他爬，他的頭上手上身上都是鞋與靴；他立起來，再跌倒，再滾，再喊，再亂掄拳頭。他的眼一會兒被衣服遮住，一會兒擋上一條腿，一會兒又看到一根柱子。他迷失了方向，分不清哪是自己的腿，哪是別人的腿。亂滾，亂爬，亂碰，亂打，他隨著人潮滾了出來。

日本軍人都立起來，都掏出來槍，槍口對著樓上樓下的每一角落。

桐芳由後台鑽出來。她本預備在招弟上場的時候，扔出她的手榴彈。現在，計劃被破壞了，她忘了一切，而只顧去保護若霞。鑽出來，一個槍彈從她的耳旁打過去。她爬下，用手用膝往前走，走到若霞的身旁。

小文扔下了笛子，順手抄起一把椅子來。像有什麼魔鬼附了他的體，他一躍，躍到台下，連人帶椅子都砸在行兇的醉鬼頭上，醉鬼還沒清醒過來的腦漿濺出來，濺到小文的大襟上。

小文不能再動，幾隻手槍杵在他的身上。他笑了笑。他回頭看了看若霞：「霞！死吧，沒關係！」他自動的把手放在背後，任憑他們捆綁。

後台的特務特別的多。上了裝的，正在上裝的，還沒有上裝的，票友與伶人；龍套，跟包的，文場，一個沒能跑脫。招弟已上了裝，一手拉著亦陀，一手拉著曉荷，顫

成一團。

　　樓上的人還沒跑淨。只有一個老人，坐定了不動，他的沒有牙的鬍子嘴動了動，像是咬牙床，又像是要笑。他的眼發著光，彷彿得到了一些詩的靈感。他知道桐芳還在台上，小文還在台下，但是他顧不了許多。他的眼中只有那一群日本人，他們應當死。他扔下他的手榴彈去。

　　第二天，瘸著點腿的詩人買了一份小報，在西安市場的一家小茶館裡，細細的看本市新聞：「女伶之死：本市名票與名琴手文若霞夫婦，勾通姦黨，暗藏武器，於義賑遊藝會中，擬行刺皇軍武官。當場，文氏夫婦均被擊斃。文若霞之女友一名，亦受誤傷身死。」老人眼盯著報紙，而看見的卻是活生生的小文、若霞，與尤桐芳。對小文夫婦，老人並不怎麼認識，也就不敢批評他們。但是，他覺得他們很可愛，因為他們是死了；他們和他的妻與子一樣的死了，也就一樣的可愛。他特別的愛小文，小文並不只是個有天才的琴手，也是個烈士——敢用椅子砸出仇人的腦漿！對桐芳，他不單愛惜，而且覺得對不起她！她！多麼聰明，勇敢的一個小婦人——必是死在了他的手中，炸

157

彈的一個小碎片就會殺死她。假若她還活著，她必能成為他的助手，幫助他作出更大的事來。她的姓名也許可以流傳千古。現在，她只落了個「誤傷身死」！想到這裡，老人幾乎出了聲音：「桐芳！我的心，永遠記著你，就是你的碑記！」他的眼往下面看，又看到了新聞：「皇軍武官無一受傷者。」老人把這句又看了一遍，微微的一笑。哼，無一受傷者，真的！他再往下看：「行刺之時，觀眾秩序尚佳，只有二三老弱略受損傷。」老人點了點頭，讚許記者的「創造」天才。「所有後台人員均解往司令部審詢，無嫌疑者日內可被釋放云。」老人楞了一會兒，哼，他知道，十個八個，也許一二十個，將永遠出不來獄門！他心中極難過，但是他不能不告訴自己：「就是這樣吧！這才是鬥爭！只有死，死，才能產生仇恨；知道恨才會報仇！」

老人喝了口白開水，離開茶館，慢慢的往東城走，打算到墳地上，去告訴亡妻與亡子一聲：「安睡吧，我已給你們報了一點點仇！」

第六十四章

　　小羊圈裡亂了營，每個人的眼都發了光，每個人的心都開了花，每個人的臉上都帶著笑；嘴、耳、心，都在動。他們想狂呼，想亂跳，想喝酒，想開一個慶祝會。黑毛兒方六成了最重要的人物，大家圍著他，扯他的衣襟與袖子要求他述說，述說戲園中的奇雙會、槍聲、死亡、椅子、腦漿、炸彈、混亂、傷亡——聽明白了的，要求他再說，沒聽見的，捨不得離開他，彷彿只看一看他也很過癮；他是英雄，天使——給大家帶來了福音。

　　方六，在這以前，已經成了「要人」。論本事，他不過是第二三流的說相聲的，除了大茶館與書場的相聲藝員被天津上海約去，他臨時給搭一搭桌，他總是在天橋，東安市場，隆福寺或護國寺去撂地攤。他很少有參加堂會的機會。

　　可是，北平的淪陷教他轉了運氣。他的一個朋友，在新民會裡得了個地位。由這個朋友，他得到去廣播的機會。

由這個朋友，他知道應當怎樣用功——「你趕快背熟了四書！」朋友告訴他。「日本人相信四書，因為那是老東西。只要你每段相聲裡都有四書句子，日本人就必永遠僱用你廣播！你要時常廣播，你就會也到大茶樓和大書場去作生意，你就成了頭路角兒！」

　　方六開始背四書。他明知道引用四書句子並不能受聽眾的歡迎，因為現在的大學生中學生，和由大學生中學生變成的公務員，甚至於教員，都沒念過四書。在他所會的段子裡原有用四書取笑的地方，像：「君不君，程咬金；臣不臣，大火輪；父不父，冥衣舖；子不子，大茄子」；和「冠者五六人，童子六七人」，是說七十二賢人裡有三十個結了婚的，四十二個沒有結婚的，等等。每逢他應用這些「典故」，台下——除了幾個老人——都楞著，不知道這有什麼可笑之處。但是，他相信了朋友的話。他知道這是日本人的天下，只要日本人肯因他會運用四書而長期的僱用他去廣播，他便有了飯碗。他把四書背得飛熟。當他講解的時候，有的相當的可笑，有的毫無趣味。可是，他不管聽眾，他的眼只看著日本人。在每次廣播的時候，他必遞上去講題：「子曰學而」，「曾子曰，吾日三省吾

身」，或「父母在不遠遊，游必有方」——日本人很滿意，他拿穩飯碗。同時，他不再去撂地攤，而大館子爭著來約他——不為他的本事，而為他與日本人的關係。同時，福至心靈的他也熱心的參加文藝協會，和其他一切有關文化的集會。他變成了文化人。

在義賑遊藝會裡，他是招待員。他都看見了，而且沒有受傷。他的嘴會說，也愛說。他不便給日本人隱瞞著什麼。雖然他吃著日本人的飯，他可是並沒有把靈魂也賣給日本人。特別是，死的是小文夫婦，使他動了心。他雖和他們小夫婦不同行，也沒有什麼來往，可是到底他們與他都是賣藝的，兔死狐悲，他不能不難受。

大家對小文夫婦一致的表示惋惜，他們甚至於到六號院中，扒著東屋的窗子往裡看一看，覺得屋裡的桌椅擺設都很神聖。可是，最教他們興奮的倒是招弟穿著戲行頭就被軍警帶走，而冠曉荷與高亦陀也被拿去。

他們還看見了大赤包呀。她的插野雞毛的帽子在頭上歪歪著，雞毛只剩下了半根。她的狐皮皮袍上面濕了半邊

襟，像是澆過了一壺茶。她光著襪底，左手提著「一」隻高跟鞋。她臉上的粉已完全落下去，露著一堆堆的雀斑。她的氣派還很大，於是也就更可笑。她沒有高亦陀攙著，也沒有招弟跟著，也沒有曉荷在後面給拿著風衣與皮包。只是她一個人，光著襪底兒，像剛被魔王給趕出來的女怪似的，一瘸一拐的走進了三號。

程長順顧不得操作了。他也擠在人群裡，聽方六有聲有色的述說。聽完了，他馬上報告了外婆。孫七的近視眼彷彿不單不近視，而且能夠透視了；聽完了方六的話，他似乎已能遠遠的看到曉荷和亦陀在獄中正被日本人灌煤油，壓棍子，打掉了牙齒。他高興，他非請長順喝酒不可。長順還沒學會喝酒，孫七可是非常的堅決：「我是喝你的喜酒！你敢說不喝！」他去告訴馬老太太，「老太太，你說，教長順兒喝一杯酒，喜酒！」

「什麼喜酒啊？」老太太莫名其妙的問。

孫七哈哈的笑起來。「老太太，他們——」他往三號那邊指了指，「都被憲兵鎖了走，咱們還不趕快辦咱們的

事？」馬老太太聽明白了孫七的話，可是還有點不放心。「他們有勢力，萬一圈兩天就放出來呢？」

「那，他們也不敢馬上再欺侮咱們！」

馬老太太不再說什麼。她心中盤算：外孫理當娶親，早晚必須辦這件事，何不現在就辦呢？小崔太太雖是個寡婦，可是她能洗能作能吃苦，而且脾氣模樣都說得下去。再說，小崔太太已經知道了這回事，而且並沒表示堅決的反對，若是從此又一字不提了，豈不教她很難堪，大家還怎麼在一個院子裡住下去呢？沒別的辦法，事情只好怎麼來怎麼走吧。她向孫七點了點頭。

第二天下午，小文的一個胯骨上的遠親，把文家的東西都搬了走。這引起大家的不平。第一，他們想問問，小文夫婦的屍首可曾埋葬了沒有？第二，根據了誰的和什麼遺言，就來搬東西？這些心中的話漸漸的由大家的口中說出來，然後慢慢的表現在行動上。李四爺，方六，孫七，都不約而同的出來，把那個遠親攔住。他沒了辦法，只好答應去買棺材。

但是，小文夫婦的屍首已經找不到了。日本人已把他們扔到城外，餵了野狗。日本人的報復是對死人也毫不留情的。李四爺沒的話可說，只好憤憤的看著文家的東西被搬運了走。

瑞豐見黑毛兒方六出了風頭，也不甘寂寞，要把自己的所聞所見也去報告大家。可是，祁老人攔住了他：「你少出去！臉上青一塊紫一塊的，萬一教偵探看見，說你是囚犯呢？你好好的在家裡坐著！」瑞豐無可如何，只好蹲在家裡，把在戲園中的見聞都說與大嫂與孩子們聽，覺得自己是個敢冒險，見過大陣式的英雄好漢。

大赤包對桐芳的死，覺得滿意。桐芳的屍身已同小文夫婦的一齊被拋棄在城外。大赤包以為這是桐芳的最合適的歸宿。她決定不許任何人給桐芳辦喪事，一來為是解恨，二來是避免嫌疑——好傢伙，要教日本人知道了桐芳是冠家的人，那還了得！她囑咐了高第與男女僕人，絕對不許到外邊去說死在文若霞身旁的是桐芳，而只准說桐芳拐去了金銀首飾，偷跑了出去。她並且到白巡長那裡報了案。

這樣把桐芳結束了，她開始到處去奔走，好把招弟，亦陀，曉荷趕快營救出來。

她找了藍東陽去。東陽，因為辦事不力，已受了申斥，記了一大過。由記過與受申斥，他想像到撤職丟差。他怕，他恐慌，他憂慮，他恨不能咬掉誰一塊肉！他的眼珠經常的往上翻，大有永遠不再落下來的趨勢。他必須設法破獲兇手，以便將功贖罪，仍然作紅人。看大赤包來到，他馬上想起，好，就拿冠家開刀吧！桐芳有詭病，無疑的；他須也把招弟，亦陀，曉荷咬住，硬說冠家吃裡爬外，要刺殺皇軍的武官。

大赤包的確動了心，招弟是她的掌上明珠，高亦陀是她的「一種」愛人。她必須馬上把他們救了出來。她並沒十分關切曉荷，因為曉荷到如今還沒弄上一官半職，差不多是個廢物。真要是不幸而曉荷死在獄中，她也不會十分傷心。說不定，她還許，在他死後，改嫁給亦陀呢！她的心路寬，眼光遠，一眼便看出老遠老遠去。不過，現在她既奔走營救招弟與亦陀，也就不好意思不順手把曉荷牽出

來罷了。雖然心中很不好受，見了東陽，她可是還大搖大擺的。她不是輕易皺上眉頭的人。

「東陽！」她大模大樣的，好像心中連豆兒大的事也沒有的，喊叫：「東陽！有什麼消息沒有？」

東陽的臉上一勁兒抽動，身子也不住的扭，很像吃過煙油子的壁虎。他決定不回答什麼。他的眼看著自己的心，他的心變成一劑毒藥。

見東陽不出一聲，大赤包和胖菊子閒扯了幾句。胖菊子的身體面積大，容易被碰著，所以受了不少的傷，雖然都不怎樣重，可是她已和東陽發了好幾次脾氣——以一個處長太太而隨便被人家給碰傷，她的精神上的損失比肉體上要大著許多。自從作了處長太太以來，有意的無意的，她摹仿大赤包頗有成績。她驕傲，狂妄，目中無人，到處要擺出架子。她討厭東陽的骯髒，吝嗇，與無盡無休的性慾要求。但是，她又不肯輕易放棄了「處長太太」。因此，她只能對東陽和別人時常發威，鬧脾氣，以便發洩心中的怨氣。

　　她喜歡和大赤包閒扯。她本是大赤包的「門徒」，現在她可是和大赤包能平起平坐了，所以感到自傲。同時，在經驗上，年紀上，排場上，她到底須讓大赤包一步，所以不能不向大赤包討教。雖然有時候，她深盼大赤包死掉，好使她獨霸北平，但是一見了大赤包的面，她彷彿又不忍去詛咒老朋友，而覺得她們兩個拚在一處，也許勢力要更大一些。

　　大赤包今天可不預備多和菊子閒談，她還須去奔走。胖菊子願意隨她一同出去。她不高興蹲在家裡，接受或發作脾氣──東陽這兩天老一腦門子官司，她要是不發氣，他就必橫著來。大赤包也願意有菊子陪著她去奔走，因為兩個面子湊在一處，效力當然大了一倍。菊子開始忙著往身上擦抹馳名藥膏和萬金油，預備陪著大赤包出征。

　　東陽攔住了菊子。沒有解釋，他乾脆不准她出去。菊子胖臉紅得像個海螃蟹。「為什麼？為什麼？」她含著怒問。

東陽不哼一聲，只一勁兒啃手指甲。被菊子問急了，他才說了句：「我不准你出去！」

大赤包看出來，東陽是不准菊子陪她出去。她很不高興，可是仍然保持著外場勁兒，勉強的笑著說：「算了吧！我一個人也會走！」

菊子轉過臉來，一定要跟著客人走。東陽，不懂什麼叫作禮貌，哪叫規矩，把實話說了出來：「我不准你同她出去！」

大赤包的臉紅了，雀斑變成了一些小葡萄，灰中帶紫。「怎麼著，東陽？看我有點不順序的事，馬上就要躲著我嗎？告訴你，老太太還不會教這點事給難住！哼，我瞎了眼，拿你當作了朋友！你要知道，招弟出頭露面的登台，原是為捧你！別忘恩負義！你掰開手指頭算算，吃過我多少頓飯，喝過我多少酒，咖啡？說句不好聽的話，我要把那些東西餵了狗，它見著我都得搖搖尾巴！」大赤包本來覺得自己很偉大，可是一罵起人來，也不是怎的她找不到了偉大的言語，而只把飯食與咖啡想起來。這使她自己也

感到點有失體統，而又不能不順著語氣兒罵下去。

　　東陽自信有豐富的想像力，一定能想起些光偉的言語來反攻。可是，他也只想起：「我還給你們買過東西呢！」「你買過！不錯！一包花生豆，兩個涼柿子！告訴你，你小子別太目中無人，老太太知道是什麼東西！」說完，大赤包抓起提包，冷笑了兩聲，大搖大擺的走了出去。

　　胖菊子反倒不知道怎麼辦好啦。以交情說，她實在不高興東陽那麼對待大赤包。她覺得大赤包總多少比東陽更像個人，更可愛一點。可是，大赤包的責罵，也多少把她包括在裡面，她到底是東陽的太太，為什麼不教東陽大方一點，而老白吃白喝冠家呢？大赤包雖罵的是東陽，可是也把她──胖菊子──連累在裡面。她是個婦人，她看一杯咖啡的價值，在彼此爭吵的時候，比什麼友誼友情更重要。為了這個，她不願和東陽開火。可是，不和他開火，又減了自己的威風。她只好板著胖臉發楞。

　　東陽的心裡善於藏話，他不願告訴箇中的真意。可是，為了避免太太的發威，他決定吐露一點消息。「告訴你！

169

我要鬥一鬥她。打倒了她，我有好處！」然後，他用詩的語言說出點他的心意。

菊子起初不十分贊同他的計劃。不錯，大赤包有時候確是盛氣凌人，使人難堪。但是，她們到底是朋友，怎好翻臉為仇作對呢？她想了一會兒，拿不定主意。想到最後，她同意了東陽的意見。好哪，把大赤包打下去，而使自己成為北平天字第一號的女霸，也不見得不是件好事。在這混亂的年月與局面中，她想，只有狠心才是成功的訣竅。假若當初她不狠心甩了瑞豐，她能變成處長太太嗎？不能！好啦，她與大赤包既同是「新時代」的有頭有臉的人，她何必一定非捧著大赤包，而使自己坐第二把交椅呢？她笑了，她接受了東陽的意見，並且願意幫助他。

東陽的綠臉上也有了一點點笑意。夫婦靠近了嘀咕了半天。他們必須去報告桐芳是冠家的人，教日本人懷疑冠家。然後他們再從多少方面設法栽贓，造證據，把大赤包置之死地。即使她死不了，他們也必弄掉了她的所長，使她不再揚眉吐氣。

「是的！只要把她咬住，這案子就有了交代。我的地位可也就穩當了。你呢，你該去運動，把那個所長地位拿過來！」胖菊子的眼亮了起來。她沒想到東陽會有這麼多心路，竟自想起教她去作所長！從她一認識東陽，一直到嫁給他，她沒有真的喜愛過他一回。今天，她感到他的確是個可愛的人，他不但給了她處長太太，還會教她作上所長！除了聲勢地位，她還看見了整堆的鈔票像被狂風吹著走動的黃沙似的，朝著她飛了來。只要作一二年妓女檢查所的所長，她的後半世的生活就不成問題了。一旦有了那個把握，她將是最自由的女人，藍東陽沒法再干涉她的行動，她可以放膽的任意而為，不再受絲毫的拘束！她吻了東陽的綠臉。她今天真喜愛了他。等事情成功之後，她再把他踩在腳底下，像踩一個蟲子似的收拾他。

她馬上穿上最好的衣服，準備出去活動，她不能再偷懶，而必須挺起一身的胖肉，去找那個肥差事。等差事到手，她再加倍的偷懶，連洗臉都可以找女僕替她動手，那才是福氣。瑞宣聽到了戲園中的「暴動」，和小文夫婦與桐芳的死亡。他覺得對不起桐芳。錢先生曾經囑咐過他，照應著她。他可是絲毫沒有盡力。除了這點慚愧，他對這

件事並沒感到什麼興奮。不錯，他知道小文夫婦死得冤枉；但是，他自己的父親難道死得不冤枉麼？假若他不能去為父報仇，他就用不著再替別人的冤枉表示憤慨。從一種意義來說，他以為小文夫婦都可以算作藝術家，都死得可惜。但是，假若藝術家只是聽天由命的苟安於亂世，不會反抗，不會自衛，那麼慘死便是他們必然的歸宿。

有這些念頭在他心中，他幾乎打不起精神去注意那件值得興奮的事。假若小文夫婦與桐芳的慘死只在他心中飄過，對於冠家那些狗男女的遭遇，他就根本沒有理會。一天到晚，自從辦過了喪事之後，他總是那麼安安靜靜的，不言不語的，作著他的事。從表面上看他好像是抱定逆來順受的道理，不聲不響的度著苦難的日子。在他心裡，他卻沒有一刻的寧靜。他忘不了父親的慘死，於是也就把自己看成最沒出息的人。他覺得自己的生命已完全沒有作用。除非他能替父親報了仇。這個，他知道，可絕不是專為盡孝。他是新時代的中國人，絕不甘心把自己只看成父母的一部分，而去為父母喪掉了自己的生命。他知道父子的關係是生命的延續關係，最合理的孝道恐怕是繼承父輩的成就，把它發揚光大，好教下一輩得到更好的精神的與物質

的遺產。生命是延續，是進步，是活在今天而關切著明天的人類福利。新的生命不能攔阻，也不能代替老的生命的死亡。假若他的父親是老死的，或病死的，他一定一方面很悲痛，一方面也要打起精神，勇敢的面向明天的責任走下去。但是，父親是被日本人殺害了的。假若他不敢去用自己的血去雪恥報仇，他自己的子孫將也永遠沉淪在地獄中。日本人會殺他的父親，也會殺他的子孫。今天他若想偷生，他便只給兒孫留下恥辱。恥辱的延續還不如一齊死亡。

可是，有一件事使他稍微的高了興。當鄰居們都正注意冠家與文家的事的時候，一號的兩個日本男人都被徵調了走。瑞宣覺得這比曉荷與招弟的被捕更有意義。冠家父女的下獄，在他看，不過是動亂時代的一種必然發生的醜劇。而一號的男人被調去當炮灰卻說明了侵略者也須大量的，不斷的，投資——把百姓的血潑在戰場上。隨著士兵的傷亡，便來了家庭的毀滅，生產的人力缺乏，與撫恤經費的增加。侵略只便宜了將官與資本家，而民眾須去賣命。

在平日，他本討厭那兩個男人。今天，他反倒有點可

憐他們了。他們把家眷與財產都帶到中國來,而他自己卻要死在異域,教女人們抱一小罐兒骨灰回去。可是,這點惋惜並沒壓倒他的高興。不,不,不,他不能還按照著平時的,愛好和平的想法去惋惜他們;不能!他們,不管他們是受了有毒的教育與宣傳,還是受了軍閥與資本家的欺騙,既然肯扛起槍去作戰,他們便會殺戮中國人,也就是中國人的仇敵。槍彈,不管是怎樣打出去的,總不會有善心!是的,他們必須死在戰場上;他們不死,便會多殺中國人。是的,他必須狠心的詛咒他們,教他們死,教他們的家破人亡,教他們和他們的弟兄子侄朋友親戚全變成了骨灰。他們是臭蟲,老鼠,與毒蛇,必須死滅,而後中國與世界才得到太平與安全!


他看見了那兩個像磁娃娃的女人,帶著那兩個淘氣的孩子,去送那兩個出征的人。她們的眼是乾的,她們的臉上沒有任何表情,她們的全身上都表示出服從與由服從中產生的驕傲。是的,這些女人也該死。她們服從,為是由服從而得到光榮。她們不言不語的向那毒惡的戰神深深的鞠躬,鼓勵她們的男人去橫殺亂砍。瑞宣知道,這也許是錯怪了那兩個女人:她們不過是日本的教育與文化製成的

磁娃娃，不能不服從，不忍受。她們自幼吃了教育的啞藥，不會出聲，而只會微笑。雖然如此，瑞宣還是不肯原諒她們。正因為她們吃了那種啞藥，所以她們才正好與日本的全盤機構相配備。她們的沉默與服從恰好完成了她們男人的狂吼與亂殺。從這個事實——這的確是事實——來看，她們是她們男人的幫兇。假若他不能原諒日本男人，他也不便輕易的饒恕她們。即使這都不對，他也不能改變念頭，因為孟石，仲石，錢太太，小崔，小文夫婦，桐芳，和他的父親都千真萬確的死在日本人手裡。繞著彎子過分的去原諒仇敵便是無恥！

立在槐樹下，他注視著那出徵人，磁娃娃，與兩個淘氣鬼。他的心中不由的想起些殘破不全的，中國的外國的詩句：「一將功成萬骨枯；可憐無定河邊骨；誰沒有父母，誰沒有兄弟？——」可是，他挺著脖子，看著他們與她們，把那些人道的，崇高的句子，硬放在了一邊，換上些「仇恨，死亡，殺戮，報復」等字樣。「這是戰爭，不敢殺人的便被殺！」他對自己說。

一號的老婆婆是最後出來的。她深深的向兩個年輕的

175

鞠躬，一直等到他們拐過彎去才直起身來。她抬起頭，看見了瑞宣。她又鞠了一躬。直起身，她向瑞宣這邊走過來，走得很快。她的走路的樣子改了，不像個日本婦人了。她挺著身，揚著臉，不再像平日那麼團團著了。她好像一個剛醒來的螃蟹，把腳都伸展出來，不是那麼圓圓的一團了。她的臉上有了笑容，好像那兩個年輕人走後，她得到了自由，可以隨便笑了似的。

「早安！」她用英語說。「我可以跟你說兩句話嗎？」她的英語很流利正確，不像是由一個日本人口中說出來。瑞宣楞住了。

「我久想和你談一談，老沒有機會。今天，」她向胡同的出口指了指，「他們和她們都走了，所以──」她的口氣與動作都像個西洋人，特別是她的指法，不用食指，而用大指。

瑞宣一想便想到：日本人都是偵探，老婦人知道他會英文，便是很好的證據。因此，他想敷衍一下，躲開她。老婦人彷彿猜到了他的心意，又很大方的一笑。「不必懷

疑我！我不是平常的日本人。我生在加拿大，長在美國，後來隨著我的父親在倫敦為商。我看見過世界，知道日本人的錯誤。那倆年輕的是我的侄子，他們的生意，資本，都是我的。我可是他們的奴隸。我既沒有兒子，又不會經營──我的青春是在彈琴，跳舞，看戲，滑冰，騎馬，游泳──度過去的──我只好用我的錢買來深鞠躬，跪著給他們獻茶端飯！」

瑞宣還是不敢說話。他知道日本人會用各種不同的方法偵探消息。

老婆婆湊近了他，把聲音放低了些：「我早就想和你談談。這一條胡同裡的人，算你最有品格，最有思想，我看得出來。我知道你會小心，不願意和我談心。但是，我把心中的話，能對一個明白人說出來，也就夠了。我是日本人，可是當我用日本語講話的時候，我永遠不能說我的心腹話。我的話，一千個日本人裡大概只有一個能聽得懂。」她的話說得非常的快，好像已經背誦熟了似的。

「你們的事，」她指了三號，五號，六號，四號，眼

隨著手指轉了個半圓。「我都知道。我們日本人在北平所作的一切，當然你也知道。我只須告訴你一句老實話：日本人必敗！沒有另一個日本人敢說這句話。我——從一個意義來說——並不是日本人。我不能因為我的國籍，而忘了人類與世界。自然，我憑良心說，我也不能希望日本人因為他們的罪惡而被別人殺盡。殺戮與橫暴是日本人的罪惡，我不願別人以殺戮懲罰殺戮。對於你，我只願說出：日本必敗。對於日本人，我只願他們因失敗而悔悟，把他們的聰明與努力都換個方向，用到造福於人類的事情上去。我不是對你說預言，我的判斷是由我對世界的認識與日本的認識提取出來的。我看你一天到晚老不愉快，我願意使你樂觀一點。不要憂慮，不要悲觀；你的敵人早晚必失敗！不要說別的，我的一家人已經失敗了：已經死了兩個，現在又添上兩個——他們出征，他們毀滅！我知道你不肯輕易相信我，那沒關係。不過，你也請想想，假若你肯去給我報告，我一樣的得丟了腦袋，像那個拉車的似的！」她指了指四號。「不要以為我有神經病，也不要以為我是特意討你的歡心，找好聽的話對你說。不，我是日本人，永遠是日本人，我並不希望誰格外的原諒我。我只願極客觀的把我的判斷說出來，去了我的一塊心病！真話不說出來，

的確像一塊心病！好吧，你要不懷疑我呢，讓我們作作朋友，超出中日的關係的朋友。你不高興這麼作呢，也沒關係；今天你能給我機會，教我說出心中的話來，我已經應當感謝你！」說完，她並沒等著瑞宣回答什麼，便慢慢的走開。把手揣在袖裡，背彎了下去，她又恢復了原態——一個老準備著鞠躬的日本老婦人。

瑞宣呆呆的楞了半天，不知怎樣才好。他不肯信老婆婆的話，又似乎沒法不信她的話。不論怎樣吧，他可是止不住的笑了一下。他有好些天沒笑過一回了。

## 第六十五章

　　快到陰曆年，長順和小崔太太結了婚。婚禮很簡單。孫七拉上了劉棚匠太太同作大媒，為是教小崔太太到劉太太那裡去上轎。一乘半舊的喜轎，四五個鼓手；喜轎繞道護國寺，再由小羊圈的正口進來。洞房是馬老太太的房子，她自己搬到小崔太太屋裡去。按照老年的規矩，娶再醮的婦人應當在半夜裡，因為寡婦再嫁是不體面的，見不到青天白日的。娶到家門，須放一掛火炮，在門坎裡還要放個火盆，教她邁過去；火炮若是能把她前夫的陰魂嚇走，火盆便正好能補充一下，燒去一切的屬氣。

　　按著馬老太太的心意，這些規矩都須遵守，一方面是為避邪，一方面也表示出改嫁的寡婦是不值錢的──她自己可是堂堂正正，沒有改嫁過。

　　不過，現在的夜裡老在半戒嚴的狀態中，夜間實在不好辦事。火炮呢，久已不准燃放──日本人心虛，怕聽那遠聽頗似機關鎗的響聲。火炮既不能放，火盆自然也就免

了吧。這是孫七的主意：「馬老太太，就不用擺火盆了吧！何必叫小崔太太更難過呢！」

連這樣，小崔太太還哭了個淚人似的。她想起來小崔，想起來自己一切的委屈。她已失去了自主，而任憑一個比孫七、長順、馬老太太都更厲害的什麼東西，隨便的擺佈她，把她抬來抬去，教她換了姓，換了丈夫，換了一切。她只有哭，別無辦法。

長順兒的大腦袋裡嗡嗡的直響。他不曉得應當哭好，還是笑好。穿著新藍布袍罩，和由祁家借來的一件緞子馬褂，他坐著不安，立著發僵，來回的亂走又無聊。在他的心裡，他卻一會兒一算計：一千套軍衣已經完全交了活，除了本錢和丁約翰的七折八扣，只落下四百多塊錢。這是他全部的財產。他可是又添了一口吃飯的人。結了婚，他便是成人了。他必須養活著外婆與老婆，沒有別的話好說。四百多塊錢，能花多少日子呢？儘管婚禮很簡單，可是鼓手、花轎不要錢嗎？自己的新大衫是白揀來的嗎？街坊四鄰來道賀，難道不預備點水酒和飯食嗎？這都要花錢。結過婚，他應當幹什麼去呢？想不出。不錯，他為承作那些

181

騙人的軍衣，已學會了收買破爛。可是，難道他就老去弄
那些骯髒東西，過一輩子嗎？為錢家、祁家、崔家，他都
曾表示過氣憤，都自動的幫過忙。他還記得祁瑞宣對他的
期望與勸告，而且他曾經有過扛槍上陣去殺日本人的決心。
可是，今天他卻糊糊塗塗的結了婚，把自己永遠拴在了家
中。他皺上了眉。

但是賀喜的人──李四老人、四媽、祁瑞豐、孫七、
劉太太，還有七號的一兩家人──都向他道喜。他又不能
不把眉頭放開。他有點害羞，又不能不大模大樣的假充不
在乎。人們的吉利話兒像是出於誠心，又似乎像諷刺與嘲
弄，使他不敢不接受，而接受了又不大好過。他不知怎樣
才好，而只能硬著頭皮去敷衍。他的臉上紅一陣白一陣，
他的鼻音嗚囔的特別的難聽，連自己聽著都不夠味兒。

賀客之中，最活躍的，也最討厭的，是祁瑞豐。長順
永遠忘不了在教育局的那一幕。況且，今天他是和小崔太
太結婚，他萬想不到瑞豐還有臉來道喜。瑞豐可是滿不在
乎，他準知道只要打著賀客的招牌，他就不會被人家攆出
來，所以他要來吃一頓喝一頓。而且，既無被驅逐出來的

危險，他就必須像一個賀客的樣子，他得對大家開玩笑，盡情的嘲弄新郎，板著面孔跟主人索要香煙、茶水，而且準備惡作劇的鬧洞房。本來，他還穿著孝，家裡的人都不許他來道賀。他答應了母親，只把禮金在門外交給長順或馬老太太就趕快回家，可是，他把孝衣脫下來，偷偷的溜出去，滿面春風的進了馬家的門。他自居為交際家，覺得自己若不到場，不單自己丟了吃喝的機會，也必教馬家的喜事減色。一進門，他便張羅著和長順開玩笑，而他的嘴又沒有分寸，時時弄得長順面紅過耳。長順很想翻臉辱罵他一頓，可是他知道今天他不該吵架拌嘴，所以只好遠遠的躲開他。長順的退讓，恰好教瑞豐以為自己確有口才，於是趕上前去施展嘲弄與開玩笑。賀客們都曉得長順老實，也都曉得瑞豐討厭，大家都怕他把長順逼急了，弄得不好看。同時，大家看在祁老人與瑞宣的面上，又不肯去勸告瑞豐。於是，大家不約而同的都躲著他，並且對他說的笑話都故意的不笑。他們以為這樣就可以使他知難而退了，誰知道他卻覺得他們的不言不笑是有點怕他，於是他的話就更多了。最後，李四爺看不過了，把他扯到一邊：「老二，我說句真話，你可不要怪我呀！開玩笑要有個分寸。長順兒臉皮子薄，別惹急了他！」

　　瑞豐沒敢和四爺駁辯，而心中很不高興。他可是也不想馬上告辭回家，他捨不得那頓酒飯。在擺飯之前，他一支跟著一支的吸香煙。他不亂說了，看到香煙快吸完了，便板起臉來告訴長順：再去買兩包煙！趕到擺飯的時候，他大模大樣的坐了首座，他以為客人中只有他作過科長，理應坐首座。他拿出喝酒的本領，一揚脖一個，喝乾了自己的杯；別人稍一謙讓，他便把人家的杯子拿過來：「好，我替你喝！」喝了幾杯之後，他的嘴沒法再並上。他又開始嘲弄長順，並且說到小崔太太是寡婦。不單這樣要嘴皮子，他還要立起來講演一番。他看不起那些賀客，所以他要盡興的發洩自己的無聊與討厭。

　　孫七早就不高興了。他是大媒，理當坐首座。多虧李四爺鎮壓著他，他才忍著氣沒有發作。等到他也喝了幾杯之後，他不再看李四爺的眼神，而把酒壺抄了起來。

　　「祁科長！」他故意的這麼叫：「咱們對喝六杯！」李四爺伸出手來要搶酒壺。孫七不再聽話。「四大爺，你別管！我跟祁科長比比酒量！」

　　瑞豐的臉上發了光。他以為孫七很看得起他。「牛飲沒意思，咱們划拳吧！一拳一個，六個！告訴你，我不教你喝六個，也得喝五個，信不信！來，伸手！」

　　「我不划拳！你是英雄，我是好漢，對喝六杯！」孫七說著，已斟滿了三杯。

　　瑞豐知道，六杯一氣灌下去，他準得到桌子底下去。「那，我不來，沒意思！喜酒，要喝得熱鬧一點！你要不划拳，咱們來包袱剪子布的？」

　　孫七沒出聲，端起杯來，連灌了三杯，然後，又斟滿：「喝！喝完這三個，還有三個！」

　　「那，我才不喝呢！」瑞豐嘿嘿的笑著，覺得自己非常的精明，有趣。

　　「喝吧，祁科長！」孫七的頭上的青筋已跳起來，可是故作鎮定的說。「這是喜酒，你不是把太太丟了嗎？多

185

喝兩杯喜酒，你好再娶上一個！」

李四爺趕快攔住了孫七：「你坐下！不准再亂說！」然後對瑞豐：「老二，吃菜！不用理他，他喝醉了！」

大家都以為瑞豐必定一摔袖子走出去，而且希望他走出去。雖然他一走總算美中不足，可是大家必會在他走後一團和氣的吃幾杯酒。

可是，他坐著不動，他必須討厭到底，必須把酒飯吃完，不能因為一兩句極難聽的話而犧牲了酒飯。

正在這個難堪的時節，高亦陀走了進來。長順的嘴唇開始顫動。

大赤包有點本事。奔走了一兩天，該送禮的送禮，該託情的託情，該說十分客氣話的，說十分，該說五分好話的，說五分，她把曉荷、亦陀、招弟，全救了出來。他們都沒受什麼委屈，只是挨了幾天的餓。他們的嘴不慣於吃窩窩頭與白水。最初，他們不肯吃。後來，沒法不吃了，

可是吃了還不飽。招弟在這幾天裡，始終穿著行頭，沒有別的衣服替換。她幾天沒有洗臉、洗腳，她的身上發癢，以為是長了虱子。她對每個人都送個媚眼，希望能給她一點水，可是始終無效。她著急，急得不住的哭泣。最使她難過的是那麼一身漂亮的行頭，不單沒摸著在台上露一露，反穿到獄中來。她已不是摩登的姑娘，而是玉堂春與寶娥，被圈在獄中。她切盼她的男友們會來探視她，營救她。可是，他們一個也沒有來。由失望而幻想，她盼著什麼劍俠或什麼聖母會在半夜中把她背了走。她想起許多電影片子上的故事，而希望那些故事能成為事實，使她逃出監獄。

曉荷真害了怕。自從一出戲園的後台，他已經不會說話。他平日最不關心的人，像錢先生與小崔，忽然的出現在眼前。他是不是也要丟了腦袋呢？他開始認真的禱告玉皇大帝、呂祖、關夫子，與王母娘娘。他覺得這些位神仙必能保佑他，不至於教他受一刀之苦。坐在潮濕的小牢房裡，他檢討自己的過去。他找不出自己的錯誤來。他低聲的告訴玉皇大帝：「該送禮的，我沒落過後；該應酬的，我永遠用最好的煙酒茶飯；我沒錯待過人哪！對太太，對姨太太，我是好的丈夫；對女兒，我是好的父親；對朋友，

我最講義氣；末了，對日本人，我五體投地的崇拜，巴結；老天爺，怎麼還這樣對待我呢？」他誠懇的禱告，覺得十分冤枉。越禱告，他可是越心慌，因為他弄不清哪位神仙勢力最大，最有靈應。萬一禱告錯了，那才糟糕！

他怕死，怕受刑。他夜裡只能打盹，而不能安睡。無論哪裡有一點響動，他都嚇一跳，以為是有人要綁出他去斬首。他死不得，他告訴自己，因為還沒有在日本人手下得到個官職，死了未免太冤枉。

受罪最大的是高亦陀，他有煙癮，而找不到煙吃。被捕後兩三個鐘頭，他已支持不住了，鼻涕流下多長，連打哈欠都打不上來。他什麼也顧不得想，而只耷拉著腦袋等死。

大赤包去接他們。招弟見了媽，哭出了聲音。冠曉荷也落了淚。他故意的哼哼著，為是增加自己的身份：「所長！這簡直是死裡逃生啊！」他心中趕快的撰製一篇受難記，好逢人便講，表示自己下過獄，不失為英雄好漢。高亦陀是被兩個人抬出來的，他已癮得像一團泥。

　　回到家中，招弟第一件事是洗個澡。洗完了澡，她一氣吃了五六塊點心。吃完，她摸著胸口，告訴高第：「得了，這回可把我管教得夠瞧的！從此我不再唱戲，也不溜冰！好傢伙，再招出一場是非來，我非死在獄裡不可！」她要開始和高第學一學怎麼織毛線帽子：「你教給我，姐！從此我再也不淘氣了！」他把「姐」叫得挺親熱，好像真有點要改過自新似的。可是，沒有過了一刻鐘，她又坐不住了。「媽！咱們打八圈吧！我彷彿有一輩子沒打過牌了！」

　　曉荷需要睡覺。「二小姐，你等我睡一覺，我準陪你打八圈。死裡逃生，咱們得慶賀一下。所長，待會兒咱們弄幾斤精緻的羊肉，涮涮吧？」

　　大赤包沒回答他們，氣派極大的坐在沙發上，吸著一支香煙。把香煙吸完，她才開口：「哼！你們倒彷彿都受了委屈！要不是我，你們也會出得來，那才怪呢！我的腿，為你們，都跑細了，你們好像連個謝字都不會說！」

「真的！」曉荷趕快把話接下去。「要不是所長，我們至少也還得圈半個月！甭打我，只要再圈半個月，我準死無疑！下獄，不是好玩的！」

「哼，你才知道！」大赤包要把這幾天的奔走託情說好話的勞苦與委屈都一總由曉荷身上取得賠償。「平日，你招貓逗狗，偏向著小老婆子，到下了獄你才想起老太太來。你算哪道玩藝兒！」

「喲！」招弟忽然想起來：「桐芳呢？」

曉荷也要問，可是張開口又趕緊並上了。

「她呀？」大赤包冷笑了一下：「對不起，死啦！」
「什麼？」曉荷不困了。他動了心。

「死啦？」招弟也動了心。

「她、文若霞、小文，都炸死啦！我告訴你，招弟、曉荷，桐芳這一死，咱們的日子就可以過得更整齊一點。

你們可是得聽我的，我一心秉正，起早睡晚，勞心掏神，都是為了你們。你們有我，聽從我，咱們就有好日子過。你們不聽我的，好，隨你們的便，你們有朝一日再死在獄裡可別怨我！」

曉荷沒聽見這一套話。坐在椅子上，他捧著臉低聲的哭起來。

招弟也落了淚。

他們這一哭，更招起大赤包的火兒來：「住聲！我看誰敢再哭那個臭娘們！哭？她早就該死！我還告訴你們，誰也不准到外面去說，她是咱們家裡的人！萬幸，報紙上沒提她的姓名；咱們自己可就別往頭上攬狗屎！我已經報了案，說她拐走了金銀首飾，偷跑了出去。你們聽見沒有？大家都得說一樣的話，別你說東，他說西，打自己的嘴巴！」

曉荷慢慢的把手從臉上放下來，嗍了許多眼淚，對大赤包說：「這不行！」他的聲音發顫，可是很堅決。「不

行？什麼不行？」大赤包挺起身來問。

　　「她好歹是咱們家的人。無論怎說，我也得給她個好發送。她跟了我這麼多年！」曉荷決定宣戰。桐芳是他的姨太太，他不能隨便的丟棄了她，像丟一個死貓或死狗那樣。在這一家裡，沒有第二個人能替桐芳，他不能在她喪了命的時候反倒賴她拐款潛逃。死了不能再活，真的；但是他必須至少給她買口好棺材，相當體面的把她埋葬了。她與高第招弟都不同，假若她們姐妹不幸而死去一個，他，或者不至於像這麼傷心；她們是女兒，即使不死，早晚也要出嫁；桐芳是姨太太，永遠是他的，她死不得。再說，雖然他的白髮是有一根，拔一根，可是他到底慢慢的老起來；他也許不會再有機會另娶一房姨太太。那麼，桐芳一死，他便永遠要過著淒涼的日子——沒有了知心的人，而且要老受大赤包的氣！不行，說什麼也不行，他必須好好的發送發送她。他沒有別的可以答報她，他只知道買好棺材，唸上一兩台經，給她穿上幾件好衣服，是唯一的安慰他自己與亡魂的辦法。假若連這點也作不到，他便沒臉再活下去。

大赤包站起來，眼裡打著閃，口中響了雷：「你要怎著呢？說！成心搗蛋哪？好！咱們搗搗看！」

冠曉荷決定迎戰。他也立起來，也大聲的喊：「我告訴你，這樣對待桐芳不行！不行！打、罵、拚命，我今兒個都奉陪！你說吧！」

大赤包的手開始顫動。曉荷這分明是叛逆！她不能忍受！這次要容讓了他，他會大膽再弄個野娘們來：「你敢跟我瞪眼哪，可以的！我混了心，瞎了眼，把你也救出來！死在獄裡有多麼乾脆呢！」

「好，咒我，咒吧！」曉荷咬上了牙。「你咒不死我，我就給桐芳辦喪事！誰也攔不住我！」

「我就攔得住你！」大赤包拍著胸口說。

「媽！」招弟看不過去了。「媽，桐芳已經死了，何必還忌恨她呢？」

「噢！你也向著她？你個吃裡爬外的小妖精！在這兒有你說話的份兒？你是穿著行頭教人家拿進去的，還在這兒充千金小姐呀？好體面！我知道，你們吃著我，喝著我，惹出禍來，得我救你們，可齊了心來氣我！對，把我氣死，氣死，你們好胡反：那個老不要臉的好娶姨太太，你，小姐，好去亂搭姘頭！你們好，我不是東西！」大赤包打了自己一個嘴巴，打得不很疼，可是相當的響。

「好吧，不許我開口呀，我出去逛逛橫是可以吧？」招弟忘了改過自新，想出去瘋跑一天。說著，她便往外走。「你回來！」大赤包跺著腳。

「再見，爸！」招弟跑了出去。

見沒有攔住招弟，大赤包的氣更大了，轉身對曉荷說：「你怎樣？」

「我？我去找屍首！」

「你也配！她的屍首早就教野狗嚼完了！你去，去！

只要你敢出去，我要再教你進這個門，我是兔子養的！」

這時節，亦陀在裡間已一氣吸了六七個煙泡兒。他本想忍一個盹兒，可是聽外面吵得太凶了，只好勉強的走出來。一掀簾，他知道事情有點不對，因為曉荷夫婦隔著一張桌子對立著，眼睛都瞪圓，像兩隻決鬥的公雞似的，彼此對看著。亦陀把頭伸在他們的中間，「老夫老妻的，有話慢慢的說！都坐下！怎麼回事？」

大赤包坐下，淚忽然的流下來。她覺得委屈。好容易盼來盼去把桐芳盼死了，她以為從此就可以和曉荷相安無事，過太平日子了。哪知道曉荷竟自跟她瞪了眼，敢公然的背叛她，她沒法不傷心。

曉荷還立著。他決定打戰到底。他的眼中冒著火，使他自己都有點害怕，不知道自己從哪兒來的這麼多的怒氣。

大赤包把事情對亦陀說明白。亦陀先把曉荷扶在一張椅子上坐好，而後笑著說：「所長的顧慮是對的！這件事絕對不可聲張。咱們都掉下去，受了審問，幸而咱們沒有

破綻，又加上所長的奔走運動，所以能夠平安的出來。別
以為這是件小事！要是趕上『點兒低』，咱們還許把腦袋
耍掉了呢！桐芳與咱們不同，她為什麼死在那裡？沒有人
曉得！好傢伙，萬一日本人一定追究，而知道了她和咱們
是一夥，咱們吃得消吃不消？算了吧，冠先生！死了的不
能再活，咱們活著的可別再找死；我永遠說實話！」

冠家夫婦全不出聲了。沉默了半天，曉荷立了起來，
要往外走。

「幹什麼去？」亦陀問。

「出去走走！一會兒就回來！」曉荷的怒氣並沒妨礙
他找到帽子，怕腦袋受了風。

大赤包深深的歎了口氣。亦陀想追出去，被她攔住。
「不用管他，他沒有多大膽子。他只是為故意的氣我！」

亦陀喝了碗熱茶，吃了幾塊點心，把心中的話說出來：
「所長！也許是我的迷信，我覺得事情不大對！」「怎

麼？」大赤包還有氣，可是不便對亦陀發作，所以口氣相當的柔和。

「憑咱們的地位、名譽，也下了兩天獄，我看有點不大對！不大對！」他揣上手，眼往遠處看著。

「怎麼？」大赤包又問了聲。

「伴君如伴虎啊！人家一翻臉，功臣也保不住腦袋！」「嗯！有你這麼一想！」

「我看哪，所長，趕快弄咱們的旅館，趕快加緊的弄倆錢。有了底子，咱們就什麼也不怕了。人家要咱們呢，咱們就照舊作官；人家不要咱們呢，咱們就專心去作生意。所長，看是也不是？」

大赤包點了點頭。

「小崔太太打算扯咱們的爛污，那不行，我馬上過去，給她點顏色看看！」

「對！」

「辦完這件事，我趕緊就認真的去籌備那個旅館。希望一開春就能開張。開了張，生意絕不會很壞。煙、賭、娼、舞，集聚一堂，還是個創舉！創舉！生意好，咱們日進斗金，可就什麼也不怕了！」

大赤包又點了點頭。

「所長，好不好先支給我一點資本呢？假若手裡方便的話。現在買什麼都得現款，要不然的話，咱們滿可以專憑兩片子嘴皮就都置備齊全了。」

「要多少呢？」

亦陀假裝了的想了想，才說：「總得先拿十萬八萬的吧？先別多給我，萬一有個失閃，我對不起人！親是親，財是財！」「先拿八萬吧？」大赤包信任高亦陀，但是也多少留了點神。她不能不給他錢，她不是摸摸屁股，哑哑

手指頭的人。再說，亦陀是她的功臣。專以製造暗娼一項事業來說，他給她就弄來不止八萬。對功臣不放心，顯然不是作大事業，發大財的，道理與氣派。可是，她也不敢一下子就交給他十萬二十萬。她須在大方之中還留個心眼。她給了他一張支票。亦陀把支票帶好，奔了四號來。

孫七喝了酒，看明白了進來的是亦陀，他馬上冒了火。他本是嘴強身子弱，敢拌嘴不敢打架的人；今天他可是要動手。他帶了酒，他是大媒，而亦陀又是像個瘦小雞子似的煙鬼，所以他不再考慮什麼，而只想砸亦陀一頓拳頭。

李四爺一把抓住了孫七，「等等，看他說什麼！」亦陀向長順與馬老太太道了喜，而後湊過李四爺這邊來，低聲的對老人說：

「都放心！一點事沒有！我是你們的朋友。她，那個大娘們，」他向三號指了指，「才是你們的仇人。我不再吃她的飯，也犯不上再替她挨罵！這不是？」他掏出那個小本子來，「當著大家，看！」他三把兩把將小本子撕了個粉碎，扔在地上。撕完，他對大家普遍的笑了笑。而後，

199

他拿起一杯酒，一揚脖灌了下去：「長順，恭賀白頭到老！別再恨我，我不過給人家跑跑腿；壞心眼，我連一點也沒有！請坐了，諸位！咱們再會！」說完，他揚著綠臉，摔著長袖口，大模大樣的走出去。

他一直奔了前門去，在西交民巷兌了支票，然後到車站買了一張二等的天津車票。「在天津先玩幾天，然後到南京去賣賣草藥也好！在北平恐怕吃不住了！」他對自己說。

# 第六十六章

　　冠曉荷，都市的蟲子，輕易不肯出城。從城內看城樓，他感到安全；反之，從城外看它，他便微微有些懼意，生怕那巨大的城門把他關在外邊。他的土色是黑的，一看見城外的黃土，他便茫然若失。他的空氣是暖的，臭的，帶著香粉或油條味兒的；城外的清涼使他的感官與肺部都覺得難過，倦怠。他是溫室裡的花，見不得真的陽光與雨露。

　　今天，他居然出了平則門。他聽說，在城內凍死的餓死的，都被巡警用卡車拉到城外，像傾倒垃圾似的扔在城外。他希望能在城外找到桐芳的屍身。即使不幸她真的被野狗咬爛，他能得到她的一塊骨頭或一些頭髮也是好的。這可真的難為他；他須出城，而且須向有死屍的地方走去！

　　一看見城門，他的身上就出了汗，冷汗。他怕離開熱鬧的街道，而走入空曠無人的地方。他放慢了腳步，遲疑了一下。不，他不能就這麼打了轉身。他須堅決！他低聲的叫著桐芳：「桐芳！桐芳！保護我呀！我是冒著險來找

你呀！」


　　走進城門洞，他差不多不敢睜開眼。他是慣於在戲園子電影院裡與那些穿著綢緞衣服，臉上擦著香粉的人們擠來擠去的。這裡，洋車、糞車、土車、騾車、大車，和各色的破破爛爛的人，背著筐的，挑著擔子的，提著一掛豬大腸的，都擠在一處，誰都想快走，而誰也走不快。他簡直不敢睜開眼看，而且捂上了鼻子。


　　好像擠了一年半載似的，他才出了城門。出了城，按說他應當痛快一些；他可是更害怕了。他好像是住慣了籠子的鳥兒，一旦看見空曠，反倒不知如何是好了。極勉強的，他往前走。走出關廂，看一看護城河，看一看城牆，他像走迷了的一個小兒，不敢再向任何方向邁步。立了好久，他決定不了是前進還是後退。他幾乎忘了桐芳，而覺得有一些聲音在呼喚他：「回來吧！回到城中來吧！」城中，只有城中，才是他的家，他的一切。他應當像一塊果皮或一些雞腸，腐爛在那大垃圾堆──都市──上。他是都市文化的一個蛔蟲，只能在那熱的，臭的，腸胃裡找營養與生活。他禁不得一點風，一點冷；空曠靜寂便是他的

墳墓。

　　他應當回去，儘管桐芳是他心愛的人，他也不便為她而使自己在這可怕的地方受罪。再說，他已經冒險出了城，心到神知，桐芳若有靈，一定會明白他，感謝他，原諒他！

　　他也想到，即使找到桐芳的一塊骨頭或一些頭髮，又怎樣呢？那不過是小說與戲劇中的一種癡情，對實際上並無任何用處。他精明，不便作蠢事。再說，最要緊的事恐怕還是他須去作官，作了官他會好好的給桐芳唸幾台經，給她修個很體面的衣冠塚。作了官，他就可以不再受大赤包的氣。作了官，而且，他就可以再娶一個或兩個姨太太。不，這未免有點對不起桐芳！不過，人是須隨著官運而發展自己的。假若真作了官，到時候必須再娶姨太太呢，恐怕桐芳也不會不原諒他的。想清楚了這些，他心中舒服了好多。算了，回家吧！回到家中，他不應再和太太鬧氣。為人處世，他告訴自己，必須顧到實際，不可太癡情，太玄虛。

　　他開始往回走。剛一邁步，他的臂被人抓住。他嚇了

一大跳。一想，他便想到強盜；這是城外，城外是野地方，白天也會有人搶劫。他用眼偷偷的往旁邊目留，預備看明白了再決定喊救命呢，還是乖乖的把錢包交出去。交出錢包是不上算的，但是性命比錢包更可寶貴。

他看明白了，身旁是個瘸嘴亂鬍子老頭兒。老頭兒身上的衣服很不體面。曉荷馬上勇敢起來。他輕看窮人，討厭窮人；對窮人，他一點也不客氣。他把抓著他的手打下去，像打下一個髒臭的蟲子：「要錢嗎，開口呀！動手動腳的，算什麼規矩？不看你有鬍子，扯你兩個嘴巴子！」

「你已經打過我！」老頭兒往前趕了一步，兩個人打了對臉。

曉荷這才看明白，面前是錢默吟先生。「喲！錢先生！」他叫的怪親熱。他忘了他曾出賣過錢詩人。他以為錢先生早已死去。錢先生既沒死，而落得一貧如洗，像個叫花子，他看在老鄰居的情面上，理應不以一般的乞丐相待；他想給老人一兩毛錢，表示自己的慈善厚道。

「你已經打過我！」錢先生光亮的眼睛盯著曉荷的臉。

「我打過你？」曉荷驚異的問。他想老頭兒必定是因為窮困而有點神經病。他趕快在口袋裡去摸，先摸到一張票子，大概是一元錢，他把它放下了。他犯不上一給老人就給一塊。他慈善，但善心須有個限度。他又摸，摸到兩個五分的，日本人鑄造的，很小的小角子。兩個角子不過才是一毛錢，少了一點。不過白給人家錢，總是少一點的好。他把它掏出來：「老先生拿去！下不為例喲！」

錢先生沒有去接那點賙濟。「你忘了。你沒打過我，你可教日本人打過我！你我是仇人！想起來了吧？」曉荷想了起來。他的臉立刻白了。

「跟我走！」老人極堅決的說。

「上，上哪兒？」曉荷嚥了口唾沫。「我很忙，還要趕快進城呢！」

「甭廢話，走！」

205

曉荷的眼驚雞似的往四處看，準備著逃走，或喊救命。「走！」老人把右手伸在棉襖裡邊去。那裡鼓鼓囊囊的像有「傢伙」。

「你一出聲，我就開槍。」

曉荷的唇開始顫動。其實老人身上並沒有武器，曉荷可是覺得已看見了槍似的。他想起當初他怎麼陷害，怎麼帶著日本憲兵去捉捕錢先生。他們倆的確是仇人，所以，他想像到仇人必帶著槍。他的磕膝軟起來，只要再稍一鬆勁兒，就會跪下去。槍、仇人、城外，湊在一處，他非死不可，他想。「錢先生！」他顫抖著央告：「饒了我吧！我無知，我沒安心害你！大人不見小人過，饒我這回，我下次不敢！你沒錢，我供給！我會拿你當我的爸爸似的那麼永遠孝敬你！」「跟我走！」錢先生用手杵了他一下子。

曉荷的淚開然在眼眶裡轉。他後悔，甚至詛咒桐芳；為了她，他卻來到了「行刑場」！他的腿已不能動，像插在了地上。錢先生扯住他的胳臂，拉著他走。曉荷不敢抬頭，怕看見遠處的山，那可怕的山。他知道，他將永遠進

不了城，他的鬼魂會被關在城外，只能在高山與田野之間遊蕩。可怕！他也不敢奪出胳臂逃跑，他曉得槍彈比腿走的快。他只能再央告，可是嘴唇一勁兒顫，說不出話來。

他們走過了祁天祐投河的地方，錢先生指給了曉荷看。「祁天祐死在了這裡！」

那裡除了凍得很結實的冰，什麼也沒有。曉荷可是不敢看，他把頭扭開。當天祐死的時候，他絲毫沒感覺到什麼，並且也沒到祁家去弔唁。他以為天祐不過是個小商人，死或活都與他沒有什麼關係。現在，他可是動了心；他想他也許在十分鐘之內便和天祐作了地下的鄰居。

再往前走，他們過了瑞豐發現帽子蓋著人頭的地方。帽子沒有了，人頭也不見了，可是東一塊西一塊的扔著人骨頭。他們還往前走。曉荷有點不耐煩了。他想問一聲：「到底上哪兒去？」可是又不敢開口。他不敢說：「別折磨我啦，殺剮給我個乾脆的！」不單不敢開口，他幾乎也不敢睜眼看四外了。他覺得，不用殺他，只須在這種地方走一整天，他也會嚇死。他知道，這裡與城裡，不過只隔

207

著一道小河與一堵厚的城牆，但是，他也知道，城牆裡才算北平，才有安全，才有東安市場與糖葫蘆，涮羊肉！

穿過一個小松林，他們斜奔西南。又走了一里地左右，他們來到一個亂屍崗子。在一群小小的墳頭裡，有兩個新的。那簡直不是墳頭，而只是很少的一點土，上面蓋著一些破瓦爛磚頭。

錢先生立住了。

曉荷的嘴開始扯動，鼻子不住的吸氣。「錢先生！你真要槍斃我嗎？我，我一輩子沒作過錯事！我不過好應酬，講究吃穿，我並沒有壞心眼！你就不能饒恕我嗎？錢先生！錢伯伯！」

「跪下！」錢先生命令他。

沒費事，曉荷跪在了墳頭前，用手捂著後腦瓢兒，好像他的手可以擋得住槍彈似的。

　　等他跪了一會兒，錢先生轉到他的前面，低聲的說：「這個是桐芳的墳，那個是小文夫婦的。我把他們的屍身由河邊搬到這裡來，埋了他們。你說你沒作過錯事，請你看看這倆墳！亡了國，你不單不以為恥，反倒興高采烈。為了你的女兒出風頭唱戲，白白的犧牲了小文夫婦。你還說沒作過錯事！至於桐芳，她有心肝，有膽量，有見識，你卻拿她當作玩物，她恨日本人，也恨你們巴結日本人。若不是你們一家子寡廉鮮恥，她或者還不至於去冒險。她恨你們。你們欺侮她，玩弄她，你們看她只是個小貓小狗，或者還不如個小貓小狗。她恨你們，她恨不能喝你們的血，剝你們的皮！你以為你是她最親近的人，但是事實上，你連一絲一毫也不瞭解她。你無聊，無恥，你的眼你的心永遠在吃喝穿戴與陞官發財上。你放縱你的老婆，你的兒女，教她們信意的胡為。你還沒有作過錯事！」老先生緩了一口氣，把聲音放高了些：「你給他們磕頭！磕！他們未必知道你給他們行禮。即使知道，他們或者還不屑於接受。我教你給他們磕頭，為是教你明白一點，你是罪人，賣國賊，無恥的混蛋！」

　　曉荷糊糊塗塗的磕了幾個頭。

「你看看我的腿！你教日本人把我打傷的！你敢說，你沒作過錯事，沒有壞心眼？你再看看這個，」老人三下兩下解開棉襖，露出一部分脊背來，「抬頭，看！這每一塊疤，每一條傷，都與你有關係！它們永遠在我的背上，每到變天的時候，它們會用疼痛告訴我不要忘了報仇！它們告訴我，仇人是日本人和你！和你！」老人三下兩下的把棉襖穿好。「你知道你的罪過了吧？」

「知道了！知道了！只求饒命！」曉荷又磕了兩個頭。「對我個人這點傷害還是小事。我要問你，你到底是中國人呢？還是日本人呢？這個事大！」

「中國人！我是中國人！」

「噢，你曉得你是中國人，那麼為什麼中國的城教日本人霸佔了，你會那麼高興呢？為什麼鑽天覓縫的去巴結日本人，彷彿他們是你的親爸爸呢？」

「我混蛋！」

「你不止是混蛋！你受過點教育，你有點聰明，你也五十來歲的了！一個無知的小娃子都曉得恨日本人，你偏不知道，故意的不知道。你是個沒有骨頭的漢奸！我可以原諒混蛋，而不能原諒你這樣的漢奸！」

「我從此不敢了！」

「不敢了？我問你明白了沒有？明白了一個人必須愛他的國家，恨他的仇敵沒有？你應當明白，你沒看見小崔無緣無故的被砍了頭？沒看見祁天祐跳了河？現在，你沒有看見桐芳和小文夫婦都埋在了這裡？日本人殺了咱們千千萬萬的人，也殺了桐芳。即使你不關心別人，還不關心她嗎？日本人能殺桐芳，就也能殺你，你知道不知道？」

「知道！知道！」

「那麼，你怎麼辦呢？」

「只要你放了我，我改過！」

「怎麼改過呢？」

「我也恨日本人！」

「怎麼恨日本人？」

曉荷回答不出。

「你說不出！你的心裡沒有是非，沒有善惡；沒有別人，只有你自己！你不懂什麼是愛，哪是恨！告訴你，你要是還有點人心，你就會第一，去攔住你的老婆，別再教她任意胡為。她不聽，殺了她！她比你的罪惡更大，殺了她，你可以贖去自己一點罪！你明白？」

曉荷沒哼聲。

「說話！」

「我怕她！」

錢先生笑了一下。「你沒有骨頭！」

「只要你放了我，我回家去勸勸她！」

「她要是不聽呢？」

「我沒辦法！」

「你會不會跑出北平去，替國家作點事呢？」

「我不敢離開北平！我的膽子小！」

錢先生哈哈的笑起來。「論你的心術、罪惡，我應當殺了你！我殺你，和捻一個臭蟲一樣的容易！你記住這個！我隨時隨地都可以結果你的性命！論你的膽量、骨頭，我又不屑於殺你！我不願教你的血髒了我的手！你我是仇人，這永遠解不開，除非你橫一下心，像個人樣兒似的，去作點對得起國家的事。起來！今天我放了你！明天，後天，我看你還不改過，我還會跟你算賬！你聽明白了？」

曉荷老老實實的立了起來。一起來，他就看了城牆一眼，他恨不能一伸胳臂就飛起去，飛到城牆那邊。

「滾！」錢先生搡了他一把。

曉荷幾乎跌倒，因為磕膝跪得有一點發麻。揉了揉磕膝，他屁滾尿流的往城裡跑。錢先生看著曉荷的背影，歎了一口氣。低頭，他對著兩個墳頭兒說：「對不起你們，我的心還是太軟！桐芳！文先生！若霞！你們安睡吧！有什麼好消息，我必來告訴你們！」說完，他蹲下去，又給墳頭上添了幾塊破瓦爛磚。

曉荷看見了城門洞，趕快把衣服上的塵土拍打了去。他復活了，看見了北平城，也找回來自己的體面的姿態。只向洋車伕一眨眼，便把車叫過來，坐上去。進了城，看見了大街，他是多麼高興啊！他忘了錢先生的話，連一句也不記得。他心中只盤算兩件事：他後悔冒險出城找桐芳的屍身；第二，他起誓，從此不再獨自出城。至於對錢先生，他還想不起什麼辦法，只好走著瞧。有朝一日，錢老

頭子落在他手裡，他一定不能善罷甘休。在西四牌樓，他教車子停住，到乾果店裡買了兩罐兒溫朴，一些焙杏仁兒。他須回家燙一壺竹葉青，清淡的用溫朴湯兒拌一點大白菜心，嚼幾個杏仁，趕一趕寒。買完了這點東西，他又到洋貨店選了兩瓶日本製的化妝品，預備送給所長太太。從此，他不能再和太太鬧氣。好傢伙，要不是跟她犯彆扭，哪能有城外那一場？禍由自取，真他媽的！

至於殺了太太，或勸告太太，簡直是瘋話，可笑的很！含著笑，他回了家。

## 第六十七章

　　曉荷見了家門，好像快渴死的人見著了一口井。想一想城外的光景，再想一想屋中的溫暖與安全，他幾乎要喊出來：「我回來嘍！」這時候已是下午四點多鐘，快壓了山的太陽給他的里長辦公處的木牌照上一點金紅的光，像剛剛又上了一道油。他向木牌點了點頭。在城外，他跪在墳前，任憑人家辱罵；在這裡，他是家長、里長，他可以發號施令。他高興，他輕輕的推開了門。

　　一邁門坎，他看見一堆東西，離他也就只有五尺遠。嗯了一聲，他看明白：那不是什麼東西，而是個人；不是別人，而是他的大女兒高第！她倒剪著雙臂，在牆根上窩著呢。「怎麼回事？」他差一點失手，摔了那兩罐兒溫朴。「怎麼回事？」

　　高第扭了扭身子，抬起一點頭來，弩著雙睛，鼻中出了一點聲音。她的嘴裡堵著東西呢。

「見鬼！這是怎回事？」他一邊說一邊輕輕的放下手中的兩個小罐兒。

高第的眼要弩出來。她又扭了扭身子，用力的點了點頭。

曉荷掏出口中的東西。她長吸了一口氣，而後乾嘔了好幾下。

「怎回事？」

「快解開我的繩子！」她發著怒說。

曉荷挽了挽袖口，要表示自己的迅速麻利，而反倒更慢的，過去解繩扣。扣繫得很緊，他又怕傷了自己的指甲，所以抓撓了半天，並無任何效果。

「拿刀子去！」高第急得要哭。

他身上有一把小刀。把刀掏出來，他慢慢的鋸繩子。

「快著點！我的腕子快掉下來了！」

「別忙！別忙！我怕傷了你的肉！」他繼續的鋸繩子。高第一勁的替他用力，鼻子裡哼哼的響。

好容易把繩子割斷，曉荷吐了口氣，擦了擦頭上的汗。他的確出了汗。他是橫草不動，豎草不拿的人，用一點力氣就要出汗。

高第用左右手交互的揉著雙腕，腕子已被繩子磨破，可是因為麻木，還不覺得疼。揉了半天手腕之後，她猛的往起立。她的腿也麻了，沒立好就又坐下去，把頭碰到了牆上。「攙著我！」

曉荷趕快攙起她來，慢慢的往院裡走。

北屋的門開著呢。曉荷一眼便看到裡面：桌凳歪著的歪著，倒著的倒著；磁器摔了滿地，花瓶和痰盂在一處躺著；很像剛經過一次地震。他放開高第，一跳，跳到屋裡。他的最心愛的沙發上張著大嘴，像被刺刀給劃破的。他的

腿不能再動，他的嘴張著。這是他一二十年的心血所造成的堡壘，居然會變成了垃圾堆。他的淚整串的流下來。

高第扶著門框，活動她的腿：「我們遭了報！」「什麼？」曉荷問了一聲。隨著這麼一出聲，他的腿會活動了。他踩著地上的東西，跳進臥室去。床上，連他的繡花被子，與鴨絨的枕頭都不見了。木器，和外間屋一樣，都橫七豎八的倒在地上。「這是怎回事？」他狂叫起來。高第一瘸一點的蹭進來。「咱們遭了報！」

「說！說這是怎回事！什麼遭報不遭報？我為什麼遭報？我沒作過傷天害理的事！」

「爸爸！」高第坐在倒在地上的一張小凳子上。「你陷害過錢伯伯；你任著媽媽的性兒教好人家的婦女變成妓女，敲詐妓女們的錢；你放縱招弟，教她隨便玩弄男人，也教男人隨便玩弄她；你任著媽媽的性兒欺侮桐芳；你一天到晚吃喝玩樂，交些個狐朋狗友，一點也不問那些錢是怎麼來的！」「我問你這是怎回事，沒教你教訓我！」曉荷跺著腳嚷。「你最不該拿日本人當作寶貝，巴結他們，

諂媚他們，好像他們並沒殺咱們的人，搶咱們的土地！」

「你要把我急死！我問你，這——是——怎——回——事！」

「是，我這就告訴你！日本人幹的！」

「什麼？」他不肯相信自己的耳朵。

「日本人幹的！」她重說了一遍，比第一遍更清楚。他沒法不再信任自己的耳朵。可是，他心裡還疑惑不定。腿似乎立不住了，他蹲在了地上，用手捧著臉。「不能！」他心裡說：「不能是日本人幹的！從日本人那方面說，他們給他的太太帶來官職、地位、金錢、勢力。給招弟帶來風頭榮譽。從他自己這方面說，他對日本人可以說是仁至義盡：他租下來的房子，轉租給日本人；他對日本小娃娃都要見面就打招呼；他對日本軍人，老遠的就鞠躬，而且度數是那麼深；對於恨惡日本人的中國人，他要去報告；對日本人發起的遊行與聚會，他永遠熱心的去參加；對日本人所發明的中國話，他首先放在自己的唇舌上；對日本

官員，識與不識，他都去送禮——」想到這裡，他出了聲音：「不能！不能是日本人！我沒有對不起日本人的地方！高第，你說真話！」「我沒說一句假話！」

「真有日本人進來把——」

「媽媽吃過午飯就辦公去了。」高第的手腕開始疼痛，她可是忍著痛，一心想把父親勸明白了。「招弟始終沒有回來。家裡只有我一個人。」

「僕人們呢？」

「他們呀，媽媽在家，他們是機器；媽媽一出去，他們便自己放了假！他們怕媽媽，而不喜愛她！」

「你似乎也不愛你的媽媽！」曉荷立起來，坐在了床上。「她的行為，心術，教我沒法愛她！」高第把凳子拉近了他一點。

「好吧，先甭提你愛她不愛吧；說，這是怎回事！」

「也就有兩點半鐘吧，一共來了十個人。其中有兩個日本人。一進門，他們一聲不出，就搬東西。」

「搬東西？」

「你看哪！媽媽的箱子哪兒去了？」高第指了指平日放箱子的地方。

曉荷往那裡看了一眼，空的。不單箱子，連箱子上裝首飾的盒子也不見了。他的手顫起來。

「這屋裡的，桐芳，和我與招弟屋裡的，箱子匣子，一律搬淨！我急了，過去質問他們。他們把我用繩子捆上。我要喊叫，他們堵上了我的嘴。我只能瞪著眼看他們往外搬運，他們必是有一部卡車，在胡同口上停著呢。出來進去搬東西的都是中國人，那兩個日本人大概只管挑選，不管搬運。有時候，院裡只剩下我自己和他們兩個！我打好了主意，只要他們倆敢過來強行無禮，我就一頭碰死牆上！我決定碰死，一方面是要保全我的清白，一方面也是為媽媽贖一點罪——她害了那麼多的女人，她的女兒應當死！

可是，他們沒來找我，或者也許太注意搶東西了。搬得差不多了，他們找到了酒。我開始往外滾。我知道，他們喝了酒必不肯放過我去。我滾到了門坎那裡，沒有了辦法。無論如何使勁，我沒法越過門坎去。他們喝完了酒，開始摔東西。我聽得見各屋裡砰砰邦邦的響。摔完了東西，他們出來，把我由門坎裡提到牆根去。他們走了，把街門關好。我們遭了報。我們巴結，逢迎，諂媚他們，為了得一點錢。現在，我們賠了老本，連衣服和被子都丟光了！」

曉荷聽完，半天沒有出聲。楞了好大一會兒之後，他低聲的問：「高第，你準知道那兩個是真日本人呢？你怎麼知道他們不是假扮的呢？」

高第壓不住了怒氣：「是！他們是假扮的！日本人都是你的親戚朋友，絕不會來傷害你！」

「別生氣！別生氣！我想，憑我與日本人的關係，他們不至於這麼不客氣！」

「他們一定對你很客氣，要不然怎麼來侵佔了你的城

搶去你的地，盜去你的國家呢？」

「別生氣！生氣辦不了事！我有辦法！你先好歹的收拾收拾屋子，我找你媽去。只要她一見日本的要人，咱們必能把東西都找回來！你收拾一下，等僕人們回來，教他們幫助你。」「他們都不會回來！」

「怎麼？」

「日本人走後，他們回來過了。拿了他們自己的東西，也順手拿了咱們一些東西，又都走啦。」

「都是混蛋！」

「沒有人看得起我們的生活，他們並不混蛋！」「別說了！我找你媽去！」

曉荷還沒走出屋門，招弟跑進來。「爸爸！爸爸！」她慌慌張張的，幾乎被地上的東西絆倒。

「怎麼啦？又是什麼事？」

「媽，媽教人家拿了去啦！」招弟說完，一下子坐在了地上。

「你媽──」曉荷說不上話來了。

「我找她去要點錢，正趕上，她教人家給綁了出來！」「綁──」曉荷的淚整串的流下來。「咱們完了！完了！我作了什麼錯事？教我受這樣的報應呢？家產完了，你媽媽再有個好歹，剩下咱們三個怎麼活著呢？」

父女三個全都閉上了嘴。

楞了半天，招弟立起來，說：「爸爸！去救媽媽呀！媽媽一完，咱們全完，我簡直的不敢想：好嗎，真要是沒漂亮的衣服，頭髮一個月不燙一次，我怎麼活下去呢？」

曉荷的想法和招弟的一樣。他知道沒有了所長太太，便沒了一切。他須趕快去營救她。可是，他膽子小，他怕，

225

怕出去一奔走，把自己也饒在了裡面。他是大赤包的丈夫，大赤包要是真犯了罪，日本人也許不會不想到了他。他不住的搓手，想不出任何主意。

「走！」招弟挺著小胸脯，說：「走！我跟你去！」
「上哪兒呢？」曉荷低著頭問。

「找日本人去！」

「找哪個日本人去？」曉荷的心中像刀刺著的那麼疼。平日，他以為所有的日本人都是他的朋友；今天，他才看清，他連一個日本人也不認識！

招弟偏傾著頭，想了一會。「有啦！咱們先到一號去看看那個老太婆吧！有用沒用的，反正她是日本人！」曉荷的臉上立刻好看了許多。「對的！」他心裡說：「反正她是日本人，任何一個日本人也比中國人強！」「可是，」他問招弟：「咱們不帶點禮物去嗎？空著手，怎好意思去呢？」高第冷笑了一聲。

「你笑什麼？」招弟美麗的眼睛裡帶著微怒。「平日，你什麼都不管！現在，媽媽教人家抓了去，你還看哈哈笑！你願意媽媽死在獄裡，好教咱們也都餓死，是不是？」高第也立起來。「你們只看見了媽媽，可是沒有看見媽媽的罪惡！我決不能盼望她死，她是我的母親！我可是也決不能因為她是我的媽媽，就說她的行為都對！我們哪，據我想，得先認清了媽媽罪有應得，然後我們大家都改過自新，為咱們自己，和媽媽，贖點罪！媽媽能出來呢，更好；不能呢，咱們也不至於因為她的罪過就一齊餓死！我沒有多少本事，可是我願意去找個小事情，清清白白的掙一碗飯吃。爸爸也不是廢物，只要他不一定想去作官，他也會找到個小事作作。憑本事掙飯吃，總比教人家的婦女作暗娼體面的多！我們肯改過，不見得就贖了罪；我們不肯改過，我們就必定死。」「喂──」招弟撇著嘴說：「我反正不會作事！我只知道要我的媽媽！」

「招弟！」曉荷親熱的叫。「你說的對！就憑咱們，作點小事，混飯吃，那教人恥笑！把咱們的綢緞衣服換成粗布的，把咱們的酒飯換上粗餑餑辣餅子，咱們還見人不見了呢？」他轉向大女兒：「高第，你一向就彆扭，到如

227

今大禍臨頭還是這麼彆扭！好啦，你看家，我和招弟出去，這總行了吧？」高第還想說話，可是只歎了一口氣。

招弟開始抹口紅，和往臉上加香粉。整妝完畢，她拉著曉荷走出去。剛到一號門口，曉荷必恭必敬的把腳並齊，預備門一開便深深的鞠躬。招弟叩門。

老太婆來開門。剛一看清楚門外的人，她把門又關上了。冠家父女楞住了。

「事情嚴重了！嚴重！」曉荷告訴招弟。「你看，你媽媽剛剛出了事，立竿見影，人家馬上不搭理咱們了！這，這怎麼辦呢？」

招弟掛了火：「爸爸你回家，我跑一跑去！我有朋友！我必能把媽媽救出來！」說完，她跑出胡同去。

曉荷獨自回了家。他的心中極亂。他不會反省，而只管眼前。眼前，又恰好是一片盆兒朝天碗兒朝地的景象。他不肯下手去整理它們，不整理吧，又沒地方坐一坐，放

一放腳。他急得老想落淚。

更迫切的是天已黑上來，他的腹中已開始咕嚕咕嚕的響，而沒人給他作飯。他到廚房看看，火已經滅了。他歎了一口氣。這已不像個家，雖然他的確是在家裡！家，可是沒有一點火亮，一口開水，更不要提香片茶與酒飯了。

高第正收拾屋子。她的作事的方法顯著很笨，可是她的確願意作，高興作。在家裡，她一向受大家的冷淡，對什麼事她都沒有發言權，不能插手幫忙。今天，她彷彿變成了主人，不必問誰，不必看誰的眼色，而只憑著自己的心意與判斷，願意怎麼作去怎麼作。她不是不知道家庭前途的暗淡，可是她也覺得只有暗淡與困苦才能改變一切；假使能慢慢的變好，那就先吃一點苦頭也值得。她也知道自己沒有多大的本事，假若媽媽真的一去不回頭，她是否能養活著自己與爸爸，頗成問題。但是，她決定不教那個問題給嚇倒。她須努力，掙扎，奮鬥；她想，只要自己有用武之地，她一定不會走到絕路。她的短鼻子上出了汗，眼中發著光，一種準知道事情不妙而毫不懼怕的光。聽見爸爸回來，她作得更起勁了。她要教爸爸看一看，她是沉

得住氣，能作事的人。

　　曉荷看著女兒操作，心中非常的難過，不是為心疼女兒，而是為他的女兒居然親自動手收拾屋子，實在有失體統。掃地擦桌子，在他想，是僕人的事，與「小姐」理應永遠不發生關係。他故意的輕咳，暗示給她：可以休息一會吧？高第沒有接受他的暗示。最後，他說了話：「高第！晚飯怎麼辦呢？」

　　高第還繼續的工作，只回答了聲：「你去買幾個燒餅，我把火升上，燒點開水，對付對付吧！」

　　曉荷不能出去買燒餅，那太丟人！他可是沒敢出聲。他開始看見了真的困苦。他的眼前是黑暗與最大的恥辱──得自己去買燒餅！他輕輕的走出去，在院子裡來回的轉。這是他自己的院子，可是他丟失了安全與舒適。走了一會兒，他感到寒冷，肚子也越來越餓。他想出去買燒餅──肚子是不大管臉面與恥辱的。幾次，他走到街門，又折了回來。不，他寧可挨一夜的飢餓，也不能喪失自己的體面！好嗎，今天他要是肯打破了自己的臉去買燒餅，明

天他大概就甘心作個「無恥之徒」了！

他又進到屋中。

「爸爸，你不是餓了嗎？怎麼不去買燒餅呢？」高第問。

曉荷不肯開腔。他覺得高第絕不會瞭解他，所以用不著多費話。他似乎是要用沉默充飢。但是，不行，沉默到底不能代替燒餅！他忘了大赤包，忘了一切，只覺得他馬上有餓死的危險。他向來沒挨過餓。平日，只要胃中稍微有點空兒，他必趕緊把它填滿；他以為能多吃而不鬧胃病是他的一種天才與福氣。現在，晚飯毫無消息！他發了慌！「吃」是中國文化裡的，也就是他的，主要的成分與最高的造詣。餓一頓便等於人生與文化的滅亡！他沒法不著急。他巴結，諂媚日本人，不是為得到好吃好喝麼？哼，現在居然落了個前功盡棄！他悲觀，他覺得自己的一隻腳已臨在地獄裡。

「高第！」他悽聲慘氣的叫，「高第！」

「幹什麼？」高第問。

「啊──」他揉著胸口說：「沒事！沒事！」他把話收了回去。他不肯說「餓」。那是個可恥的字。

「餓了吧？好，我買燒餅去，就手兒捎一壺開水來省得再升火！」高第拍了拍身上的灰土，要往外走。

「你──」曉荷要阻攔她。他的女兒去買燒餅，打開水，與他自己去，是一樣的丟人！可是，燒餅到底是可以充飢的東西，他又不便過度的和肚子鬧彆扭。在以吃為最主要的成分的文化裡，人是要有「理想」，而同時又須顧及實際的。高第跑出去。

剩下他自己，他覺得淒涼黯淡。他很想懸樑自盡，假若不是可能在五分鐘內就吃上燒餅的話。

高第買回了燒餅來。曉荷含著淚吃了三個。

　　吃完。他馬上想起睡的問題來——沒有被子！他不敢向高第要主意，高第不瞭解他。他又沒法不向她要主意，他自己想不出辦法。他的文化使他生下來便包在繡花被子裡，凡事都由別人給他預備得妥妥當當的，用不著他費心費力。趕到長大成人，他唯一的才智便是怎麼去役使別人，利用別人，把別人用血汗作成的東西供他享受。

　　「爸爸！蓋上我的褲子和大衣，先睡吧！我等著招弟！」高第把自己的褲子取過來。

　　曉荷躺在了床上。他以為一定睡不著。可是，過了一會兒，他打起了呼嚕。

## 第三部：饑荒

## 第六十八章

恰巧丁約翰在家。要不然，冠曉荷和高第就得在大槐樹下面過夜。

曉荷，蓋著一床褥子與高第的大衣，正睡得香甜，日本人又回來了。

「醒醒，爸！他們又來了！」高第低聲的叫。

「誰？」曉荷睏眼朦朧的問。

「日本人！」

曉荷一下子跳下床來，趕緊披上大衣。「好！好得很！」他一點也不睏了。日本人來到，他見到了光明。他

忙著用手指攏了攏頭髮，摳了摳眼角；然後，似笑非笑，而比笑與非笑都更好看的，迎著日本人走。他以為憑這點體面與客氣，只需三言五語便能把日本人說服，而拿回他的一切東西來。他深信只有日本人是天底下最講情理的，而且是最喜歡他的。見到他們，（三個：一個便衣，兩個憲兵）曉荷把臉上的笑意一直運送到腳指頭尖上，全身像剛發青的春柳似的，柔媚的給他們鞠躬。

便衣指了指門。曉荷笑著想了想。沒能想明白，他過去看了看門，以為屋門必有什麼缺欠，惹起日本人的不滿。看不出門上有什麼不對，他立在那裡不住的眨巴眼；眼皮一動便增多一點笑意，像剛睡醒就發笑的乖娃娃似的。

便衣看他不動，向憲兵們一努嘴。一邊一個，兩個憲兵夾住他，往外拖。他依然很乖，腳不著地的隨著他們往外飄動。到了街門，他們把他扔出去；他的笑臉碰在地上。高第早已跑了出來，背倚影壁立著呢。

慢慢的爬起來，他看見了女兒：「怎回事？怎麼啦？高第！」「抄家！連一張床也拿不出來了！」高第想哭，

235

可是硬把淚截住。「想辦法！想辦法！咱們上哪兒去！」曉荷不再笑，可也沒特別的著急：「不會！不會！東洋人對咱們不能那麼狠心！」

「日本人是你什麼？會不狠心！」高第搓著手問。假若不是幾千年的禮教控制著她，她真想打他幾個嘴巴！「等一等，等著瞧！等他們出來，咱們再進去！我沒得罪過東洋人，他們不會對我無情無理！」

高第躲開了他，去立在槐樹下面。

曉荷必恭必敬的朝家門立著。等了半個多鐘頭，日本人從裡面走出來。便衣拿著手電筒，憲兵藉著那點光亮，給街門上貼了封條。

曉荷的心彷彿停止了跳動。可是，像最有經驗的演員，能抱著病把戲演到完場，他還向三個人的背影深深的鞠了躬。鞠完躬，他似乎已筋疲力盡，一下子坐在台階上，手捧著臉哭起來。他的歷史、文化、財產、享受、哲學、虛偽、辦法，好像忽然都走到盡頭。

　　高第輕輕的走過來：「想辦法！哭有什麼用？」「我完啦！完啦！」他說不下去了，因為心中太難受。用力橫了一下心，才又找到他的聲音：「我去報告，報告！」他猛的立起來。「那三個必不是真正東洋人，冒充！冒充！真東洋人決不會辦這樣的事！我去報告！」

　　「你混蛋！」高第向來沒有辱罵過父親，現在她實在控制不住自己了。「日本人抄了你的家，你怎麼還念叨他們呢？難道這個封條能是假的？要是假的，你把它撕下來！」她的喉中噎了一下，說不上話來。用力嗽了幾下，她才又說：「上哪兒去？不能在這兒凍一夜！」

　　曉荷想不出主意。因人成事的人禁不住狂風暴雨。高第去叫祁家的門。

　　祁家的大小，因天寒，沒有煤，都已睡下。韻梅聽見拍門，不由的打了個冷戰。瑞宣也聽見了，馬上要往起爬。「不是又拿人呀？」韻梅攔住了他，而自己披衣下了床。她輕輕的往外走；走到街門，她想從門縫先往外看看。可

是，天黑，她看不見任何東西；大著膽，她低聲問了聲：
「誰？」「我，高第，開開門！」高第的聲音也不大，可
是十分的急切。

韻梅開了門。高第沒等門開利落便擠了進來，猛的抓
住韻梅的手：「祁大嫂，我們遭了報！抄了家！」韻梅與
高第一齊哆嗦起來。

瑞宣不放心，披著大衣趕了出來。「怎回事？怎回
事？」他本想鎮定，可是不由的有點慌張。

「大哥！抄了家！給我們想想辦法！」高第的截堵住
許久的淚落了下來。

瑞宣又問了幾句，把事情大致的搞清楚。他願意幫忙
高第，他曉得她是好人。可是，為幫忙她，也就得幫忙冠
曉荷；他遲疑起來。他的善心，不管有多麼大，也不高興
援助出賣錢默吟的，無恥的冠曉荷。

韻梅不高興給冠家作什麼，不是出於狠心，而是怕受

連累。在這年月，她曉得，小心謹慎是最要緊的事。高第看出瑞宣夫婦的遲疑，話中加多了央告的成分：「大哥！大嫂！幫我個忙，不用管別人！冬寒時冷的，真教我在槐樹底下凍一夜嗎？」

瑞宣的心軟起來，開始忘了曉荷，而想怎麼教高第有個去處。「大小姐，小文的房子不是還空著嗎？問問丁約翰去！」韻梅也忘了小心謹慎。「你自己去一趟，他看得起你，不至於碰了釘子！好嗎，真要在樹底下蹲一夜，還了得！」

約翰恰巧在家。這整個的院子是由他包租的，他給了瑞宣個面子。「可是，屋子裡什麼也沒有啊！」

「先對付一夜再說吧！」瑞宣說。

韻梅給高第找來一條破被子。

大家都沒理會曉荷，除了丁約翰給了他兩句：「日本人跟英國人不同，你老沒弄清楚。日本人翻臉不認人，英

國人老是一個勁兒。不信，你問問祁先生！」

　　曉荷沒敢還言。可是，也並沒感激瑞宣與約翰，因為他只懂得人與人之間的互相利用，而不懂得什麼叫著心與友情。他以為他們的幫忙是一種投資：雖然他今天丟失了一切，可是必能重整旗鼓，（只要東洋人老不離開北平！）再跳動起來，所以他們才肯巴結他。再說，大赤包不久，在他想，必會出獄；只要她一出來，她便能向東洋人索回一切。

　　坐著約翰給拿來的小板凳，腿上蓋著祁家的破被子，曉荷感到寒冷，痛苦，可是心中還沒完全失望。每一想到大赤包，他就減少一點悲觀，也就不由得說出來：「高第，不用發愁！只要你媽媽一出來，什麼都好辦！」

　　「你怎麼知道她可以出來？」高第沒有好氣的問。「你還能咒她永遠不出來？」

　　「我不能咒她，可是我也知道她都作了什麼事！」「什麼事？難道她給我們掙來金錢、勢力、酒飯、熱鬧，

都不對嗎？」

　　高第不願再跟他費話。

　　第二天，全胡同的人都看見了冠家大門上的封條，也就都感到高興。大家都明白日本人的狠毒——放任漢奸作惡，而後假充好人把漢奸收拾了；不但拿去他們刮來的地皮，而且沒收了他們原有的財產。雖然如此，大家，看見那封條，還是高興；只要他們不再看見冠家的人，他們便情願燒一股高香！

　　他們沒想到，曉荷會搬到六號院子去。不過，這點失望並沒發展成仇視與報復；他們都是中國人，誰也不好意思去打落水狗。他們都不約而同的不再向曉荷打招呼——這點冷酷的冷淡，在他們想，也滿夠冠曉荷受的了！

　　可是瑞豐是個例外。他看，這是和冠家恢復友好的好機會。他必須去跟曉荷聊天扯淡。而且，假若乘冠家正倒霉的時節去獻慇勤，說不定可以把高第弄到手。儘管高第不及招弟貌美，可是有個老婆總比打光棍兒強。這是他的

機會，萬不可失的機會。

「幹什麼去？老二！」瑞宣吃過早飯，見瑞豐匆匆忙忙的往外走，這樣問。

「看看冠先生去。」老二頗高興的回答。

「幹嗎？」

「幹嗎？喊！大哥你不是還幫忙給他找住處嗎？」

瑞宣在昨天夜裡，就遲疑不定，是否應當幫這點忙。他最怕因善心而招出誤解──像老二的這種誤解。這種誤解至少會使他得到不明是非，不辨善惡的罪名。聽到老二的話，他的臉馬上變了顏色。幾乎是怒叱著，他告訴老二：「我不准你去！」

「怎麼？」老二也不帶好氣的問。

「不怎麼！我不准你去！」瑞宣不願解釋什麼，只這

樣怒氣沖沖的喊。

天祐太太明白老大的心意——他的善心是有分寸的，雖然幫了冠家一點忙，而仍不願與曉荷為友。她說了話：「聽你哥哥的話，老二！」

瑞豐非常的不高興。揚著小乾臉說：「好，好，我不去了還不行嗎？哼！這兒沒有一丁點自由，我知道！」說完，他氣哼哼的走進屋裡去。

瑞宣真願意大吵大鬧一頓，好出出心中的惡氣，可是看了看媽媽，他把話都封鎖在心裡。匆忙的戴上帽子，他走了出去。

剛一出門，他遇上了冠曉荷！

曉荷向來不這麼早起來；今天，因為屋中冷得要命，他只好早早的出來活動活動半僵了的腿。小羊圈的人們多數是起床很早的，他遇見了好幾位鄰居。他不知道怎麼辦好：對他們遞個和氣嗎，未免有失身份；雖然他目下的時

運不太好，可是冠曉荷到底是冠曉荷，死了的駱駝總比驢大！要是不招呼他們吧，似乎又有點彆扭；他覺得自己現在是「公子落難」，理應受到大家的體貼與安慰；大家一定很愛聽一聽他的遭遇，而他有對他們講一講的責任。

可是大家誰也沒招呼他。他們只看他一眼，而後把眼移到那張封條上去，而後淡然的走過去，好像他與封條是屬於同一類的東西。這使他非常的難堪，而感到一個人必須有房產，有金錢，有勢力，有日本人作靠山，有像大赤包那樣的太太！沒有這些，你便是喪家之犬，大家不單不招呼你，高了興還許踢你兩腳呢！想到這裡，他動了氣。他很想跑到日本憲兵營去，報告全胡同的人都「反動」，一下子把他們全送進監獄裡去！

一眼看到瑞宣，他以為得到了發發牢騷的機會。平日，他總以為瑞宣高傲，冷酷，不和群兒；現在，他看瑞宣是比全胡同的男女老少都更精明，因為瑞宣看出來死駱駝比驢大的意思。

「瑞宣！」曉荷叫得親切而淒涼：「瑞宣！」他的臉

上掛著三分笑意，七分憂慘，很巧妙的表示出既不完全悲觀，而又頗可憐來。

瑞宣連點頭也沒有點，昂然的走開。一邊走，一邊他恨自己：為什麼自己會把不打落水狗的道理應用到冠曉荷的身上呢？曉荷不止是狗，而是瘋狗；瘋狗落了水，誰都有責任給牠幾磚頭，把牠打下去，打下去！

曉荷倒沒怎麼難過，他原諒了瑞宣：「這並不是瑞宣敢對我擺架子，而是英國府的關係！」正在這麼自言自語的，高第半掩著門叫他：「你進來，爸！」

進到屋中，曉荷看了看四角皆空的屋子，又看了看沒有梳妝洗臉的女兒，他乾嚥了幾口。

「爸！你有主意沒有？」高第乾脆的問。

「啊——」他想了一想：「咱們銀行裡還有錢！看，」他由懷裡掏出支票本子來，「我老把這個寶貝本子揣在懷裡！哪時用錢，哪時刷刷的一寫，方便！你媽媽的那本，

我可不知道放在哪兒了！」

「日本人抄了咱們的家，還給咱們留下錢？倒想得如意！」「怎麼？怎麼？錢也抄了去？」曉荷著了急。「不能！不能！」「你不記得李空山的事？」

「嗯——」他答不出話來，頭上忽然出了汗。

「不要再作夢！」

「我走，到銀行看看去！」

「爸，你聽著！我手裡還有一點點錢。我去託李四爺先給咱們買兩張破床，跟一些零碎東西。我呢，趕緊出去找事。找到了事，我養活你！可有一樣，不准你再提日本人，再想幫助日本人；是這樣，我馬上出去找事；不是這樣，我走！」「上哪兒？」

「哪兒不可以去？」

「你看你媽媽出不來了？」

「不知道！」

「你去找什麼事？」

「能幹的就幹！」

「我先上銀行去，咱們回頭再商量好不好？」

「也好！」

曉荷沒僱車，居然也走到了銀行。銀行拒絕兌他的支票。他生平第一次，走得這麼快，幾乎是小跑著，跑回家來。「怎樣？」高第問。

他說不出話來。他彷彿已經死了一大半。他一個錢也沒有了──而且是被日本人搶了去！

好久好久，他才張開口：「高第，咱們趕緊去救你媽

媽，沒有第二句話！她出來，咱們還有辦法；不然——」

「她要真出不來呢？」

「託人，運動，沒有不成功的！」

「又去託藍東陽，胖菊子？」

曉荷的眼瞪圓。「不要管我！我有我的辦法！」

高第沒再說什麼。她找到李四爺，託他給買些破舊的東西。然後，她自己到街上買了一個小瓦盆，一把沙壺，並且打了一壺開水，買了幾個燒餅。

吃過了燒餅，喝了口開水，曉荷到處去找他的狐朋狗友。

這些朋友，有的根本拒絕見他，有的只對他扯幾句淡。

連著十幾天，他連大赤包的下落也沒打聽出來。他可是還不死心。他以為自己雖然不行，招弟可一定有些辦法。

她在哪兒呢？他開始到處打聽招弟的下落。招弟彷彿像一塊石頭沉入了大海。

曉荷沒有了辦法，只好答應高第：「你找事去好啦！」

又過了幾天，大赤包與招弟還是全無消息，他故意想討高第的喜歡：「要這樣下去呀，我想我得走，上重慶！」「好！我跟你走！」

曉荷嚇了一大跳，趕緊改嘴：「可千萬別到處這麼亂說去呀！好傢伙，走不成，先掉了腦袋！我看哪，我還是修道去好！白雲觀哪，碧雲寺哪，我那麼一住，天天吃點羅漢齋，燒燒香，唸唸經，倒滿好的！」

高第決定不再跟他多費話。她看明白，他已無可救藥了；至死，他也還是這麼無聊！她很想一橫心，獨自逃出北平去。但是她又不忍。沒有她，她想，他必會鬧到有那麼一天，連一條狗都不會向他搖搖尾巴。到他走投無路的時候，他還會找日本人去；日本人給他一個燒餅，他便肯安心的作漢奸！不，她不能走！她須養著他，看著他，當

作一個只會吃飯的廢物那麼養著他；廢物總比漢奸好一點！

第六十九章

大赤包下獄。

她以為這一定，一定，是個什麼誤會。

憑她，一位女光棍，而且是給日本人作事的女光棍，絕對不會下獄。誤會，除了誤會，她想不出任何別的解釋。「誤會，那就好辦！」她告訴自己。只要一見到日本人，憑她的口才、氣派、精明，和過去的勞績，三言兩語她就會把事情撕掳清楚，而後大搖大擺的回家去。「哼！」她的腦子翻了個觔斗，「說不定，也許因為這點小誤會與委屈，日本人還再給她加升一級呢！這不過是月令中的一點小磕絆，算不了什麼！」

可是三天，五天，甚至於十天，都過去了，她並沒有看見一個日本人。一天兩次，只有一個中國人扔給她一塊黑餅子，和一點涼水。她問這個人許多問題，他好像是啞巴，一語不發。她沒法換一換衣裳，沒地方去洗澡，甚至

於摸不著一點水洗洗手。不久，她聞見了自己身上的臭味兒。她著了慌。她開始懷疑這到底是不是個誤會！

她切盼有個親人來看看她。只要，在她想，有個人來，她便會把一切計劃說明白，傳出去，而後不久她便可以恢復自由。可是，一個人影兒也沒來過，彷彿是大家全忘記了她，要不然就是誰也不曉得她被囚在何處。假若是前者，她不由的咬上了牙：啊哈——！大家平日吃著我，喝著我，到我有了困難，連來看我一眼都不肯，一群狗娘養的！假若是後者——沒人知道她囚在哪裡——那可就嚴重了，她出了涼汗！

她盤算，晝夜的盤算：中國人方面應當去運動誰，日本人方面應該走哪個門路，連對哪個人應當說什麼話，送什麼禮物，都盤算得有條有理。盤算完一陣，她的眼發了亮；是的，只要有個人進來，把她的話帶出去，照計而行，準保成功。是的，她雖然在進獄的時候有點狼狽，可是在出獄的時候必要風風光光的，她須大紅大紫的打扮起來，回到家要擺宴為自己壓驚。

　　她特別盼望招弟能來。招弟漂亮，有人緣兒，到處一奔走，必能旗開得勝。可是，誰也沒來！她的眼前變成一片烏黑。「難道我英雄了一世，就這麼完了嗎？」她問自己，問牆壁，問幻想中的過往神靈。白問，絲毫沒有用處。她的自信開始動搖，她想到了死！

　　不，不，不，她不會死！她還沒被審問過，怎會就定案，就會死？絕對不會！再說，她也沒犯死罪呀！難道她包庇暗娼，和敲妓女們的一點錢，就是死罪？笑話！哪個作官的不摟錢呢？不為摟錢，還不作官呢，真！

　　她想起來：自己的脾氣太暴，太急，所以就這麼快的想到了死！忍著點，忍著點，她勸慰自己，只要一過堂，見到日本法官，幾句話她便能解釋清楚一切，而後安然無事的回家。這麼一想，她得到暫時的安慰與鎮定。她整一整襟，拍拍頭髮，耐心的等著過堂受審；什麼話呢，光棍還能怕吃官司？她抿著嘴笑起來。

　　一天天的過去了，沒有人來傳她過堂。她的臉上似乎只剩了雀斑與鬆皮，而沒了肉。她的飛機頭，又乾，又亂，

像擰在一處的亂麻，裡邊長了又黑又胖的虱子。她的眼睛像兩個小火山口兒，四圈兒都是紅的。兩手老在抓撓，抓完了一陣，看看手，她發現指甲上有一堆兒灰白的鱗片，有時候還有一些血。她的腳踵已凍成像紫裡蒿青的兩個芥菜疙疸。她不能再忍。抓住獄房的鐵欄杆，她拚命的搖晃，像一個發了狂的大母猩猩。她想出去，去看看北海、中山公園、東安市場，和別的地方。她想喝丁約翰由英國府拿來的洋酒，想吃一頓由冠曉荷監造的飯食。至少，她要得到一點熱水，燙一燙她的凍瘡！

把手搖酸，鐵欄杆依然擋著她的去路。她只好狂叫。也沒用。慢慢的，她坐下，把下巴頂在胸上，聽著自己咬牙。

除了日本人，她懷恨一切她所認識的老幼男女。她以為她的下獄一定和日本人無關，而必是由於她的親友，因為嫉妒她，給她在日本人面前說了壞話。咬過半天牙以後，她用手托住腦門，懷著怒禱告：「東洋爸爸們，不要聽那些壞蛋們的亂造謠言！你們來看看我，問問我，我冤枉，我是你們的忠臣！」

這樣禱告過一番，她稍微感到一些安恬。她相信她的忠誠必能像孝子節婦那樣感動天地的感動了東洋爸爸們，很快的他們會詢問她，釋放她。她昏昏的睡去。

並沒有十分睡熟，只是那麼似睡非睡的昏迷：一會兒她看見自己，帶著招弟，在北海溜冰大會上，給日本人鞠躬；一會兒她是在什麼日本人召集的大會上，向日本人獻花；一會兒她是數著妓女們獻給她的鈔票。這些好夢使她得到些甜美的昏迷，像吃了一口鴉片煙那樣。她覺得自己是在往上飛騰，帶著她的臭味、虱子，與凍瘡，而氣派依然像西太后似的，往起飛，一位肉體升天的女光棍！

忽然的一股冷氣使她全身收縮，很快的往下降落，像一塊髒臭的泥巴，落在地上。她睜開了眼，四圍只有黑暗、污濁、惡味、冷氣，包圍著她，一個囚犯。她不由的又狂叫起來。怒火燃燒著她的心，她的喉嚨，她的全身。她忘記了冷，解開衣上的鈕扣，露出那鬆而長的雙乳，教牆壁看：「你看，你看，我是女的，女光棍！為什麼把我圈在這裡？放我出去！」她要哭，可是哈哈的狂笑起來。三把

兩把的把衣服脫掉，歪著頭，斜著眼，扭著腰，她來回的
走。「你看，看！」她命令著牆壁：「看我像妓女不像？
妓女、窯子、乾女兒、鈔票，哈哈！」

　　由欄杆的隙縫中，扔進來一塊黑的餅子和一小鐵筒水。
她赤著身，抓住鐵欄杆，喊：「嗨！就他媽的這麼對待我
嗎？連所長都不叫一聲？我是所長，冠所長！」而後，像
條瘋狗似的，爬在地上，喝了那點水。舔著嘴唇，她拾起
那塊黑餅，聞了聞，用力摔在牆上。

　　在她這樣一半像人，一半像走獸，又像西太后，又像
母夜叉，在獄中忽啼忽笑的時節，有多少多少封無名信，
投遞到日本人手裡控告她。程長順的那個狀子居然也引起
了日本人的注意。同時，頗有幾位女的，因想拿大赤包的
地位，不惜有枝添葉的攻擊她，甚至於把她的罪狀在報紙
上宣佈出來，把她造成的暗娼都作了統計表揭露在報紙上。

　　冬天過去了。春把北平的冰都慢慢的化開，小溪小湖
像剛剛睡醒，一睜眼便看見了一點綠色。小院的牆角有了
發青的小草，貓兒在牆頭屋脊上叫著春。

　　大赤包的小屋裡可沒有綠草與香花。她只看見了火光，紅的熱辣辣的火光，由她的心中燒到她的口，她的眼，她的解了凍的腳踵。她自己是紅的，小屋中也到處是紅的。她熱，她暴躁，她狂喊。她的聲音裡帶著火苗，燒焦了她的喉舌。她用力喊，可是已沒有了聲音；嗓子被燒啞。她只能哼吃哼吃的出氣，像要斷氣的母豬。

　　她把已長滿了虱子的衣服，一條條的扯碎。沒有可撕拉的了，她開始扯自己的頭髮，那不知曾經費過多少時間與金錢燙鬈的頭髮。她握著拳頭打尤桐芳，可是打在牆上，手上出了血。她扯著自己的頭髮叫罵：「臭娘們，撕碎你！」她撕扯，撕扯，已分不清撕扯的是臭娘們，還是她自己。雖然沒有了聲音，她卻依然喊叫。她喊叫汽車侯，怒叱著男女僕人與小崔，高叫著「皇軍勝利！」雖然只有她自己知道她喊叫的是什麼，可是她以為全世界都聽見了她。疲乏了，停止喊叫，她卻還嘟囔著：打！打！打！她的腦中一會兒出現了一群妓女，一會兒出現了幾個親友；打，打，打，她把那些影子都一一的打倒，堆在一塊，像一座人山，她站在山巔上；她是女英雄，女光棍，所長！

慢慢的，她忘了自己。一會兒她變成招弟，打扮得花枝招展的，拉著一個漂亮的男子，在公園調情散步；一會兒她變成個妓女，瘋狂的享受著愛的遊戲。忽然的，她立起來，像公雞搔土似的，四處搜尋，把身子、頭、手腳，碰在門上、牆上。「我的鈔票呢？鈔票呢？誰把我的錢藏起來？誰？藏在哪兒？」碰得渾身是血，她立定了不動。歪著頭，她用心的聽著，而後媚笑：「來了！來了！你們傳冠所長過堂吧？」

可是，連個人影也沒有。她的怒火從新由心中燃起，燒穿了屋頂，一直燒到天空，半空中有紅光結成的兩個極亮的大字：所長！

看著那兩個大的紅字，她感到安慰與自傲，慢慢的坐下去。用手把自己的糞捧起來，揉成一個小餅，作為粉撲，她輕輕的，柔媚的，拍她的臉：「打扮起來，打扮起來！」而後，拾起幾條布條，繫在頭髮上：「怪年輕呀，所長！」

她已不辨白天與黑夜，不曉得時間。她的夢與現實已

沒有了界線。她哭、笑、打、罵,毫無衝突的可以同時並舉。她是一團怒火,她的世界在火光中旋舞。

　　最後,她看見了曉荷、招弟、高亦陀、桐芳、小崔,還有無數的日本人,來接她。她穿起大紅的呢子春大衣,金的高跟鞋,戴上插著野雞毛的帽子,大搖大擺的走出去。日本人的軍樂隊奏起歡迎曲。招弟獻給她一個鮮花籃。一群「乾女兒」都必恭必敬的向她敬禮,每人都遞上來一卷鈔票。她,像西太后似的,微微含笑,上了汽車:「開北海,」她下了命令!

　　汽車開了,開入一片黑暗。她永遠沒再看見北海。

　　當大赤包在獄裡的時候,運動妓女檢查所所長這個地位最力的是她的「門徒」,胖菊子。

　　藍東陽有了豐富的詩料。他無所不盡其極的嘲弄,笑罵,攻擊大赤包,而每一段這樣的嘲罵都分行寫下來,寄到報館去,在文藝欄裡登載出來。讀著自己的詩,他的臉上的筋肉全體動員,激烈的扯動著,像抽羊癇瘋。

　　胖菊子決定把自己由門徒提升為大師。她開始大膽地創造自己的衣服鞋帽，完全運用自己的天才，不再模仿大赤包。她更胖了，可是偏偏把衣服作得又緊又瘦，於是她的肥肉都好像要由衣服裡鑽了出來。藍東陽很喜愛她的新裝束，而且作了他自認為最得意的一首詩：「從衣裳外面，我看到你的肉；肉感的一大堆灌腸！」

　　她不喜愛他，更不喜愛他的詩。可是，她的胖臉上，為他，畫出幾根笑紋來。她必須敷衍他，好能得到他的協助，而把「所長」弄到她的胖手裡。一旦她作了所長，她盤算，她就有了自己的收入、地位、權柄，和──自由！到那時候，她可以拒絕他的臭嘴、綠臉，和一塊大排骨似的身體。他若是反抗，她滿可以和他翻臉。當初，她跟從了他，是為了他的地位；現在，假若她有了自己的地位，她可以毫不留情的一腳踹開他。

　　穿著她的緊貼身的衣裳，她終日到處去奔走。凡是大赤包的朋友，胖菊子都去訪問，表示出：「從今以後，我是你們的領袖了。你們必須幫助我，而打倒大赤包！」

等到晚間回來，她的腰、胳臂，與脖子已被新衣服箍得發木，她的胖腳被小新鞋啃得落了好幾塊皮。她感到疲乏、痛苦，可是在精神上覺出高興，有希望。三把五把的將那些「捆仙繩」脫掉，她鬆了一口氣。可是，三把五把的又將它們穿上。不，她不能懈怠，而必須為自己的前途多吃點苦。好嗎，萬一在這時節，來個貴客，她怎能就衣冠不整的去接待呢？她必須用大赤包的辦法打敗了大赤包；大赤包不是無論在什麼時節都打扮得花狸狐哨的嗎？好，她也得這麼辦！

雖然在服裝穿戴上她力求獨創，不再模仿大赤包，可是在舉止動作上她不知不覺的承襲了大赤包一部分的氣派。當她叫人的時候，她也故意老氣老聲的；走路也挺起脖子；轉身要大轉大抹。雖然這些作派使她的胖身子不大好受，使她的短粗脖子發酸，可是她不敢偷懶，她必須變成大赤包，而把真的大赤包消滅了！

奔走了幾天，事情還沒有一點眉目。胖菊子著了急。越著急，地的胖喉嚨裡越愛生痰。見到了要人，她往往被

一口痰堵住，說不出話來。她本來沒有什麼口才，再加上這麼一堵，她便變成一條登了陸的魚，只張嘴，而沒有聲音。鬧過一陣啞戲以後，她慌張得手足失措，把新添的氣派一齊忘掉。她開始害怕，怕在她還沒有運動成功之際，而大赤包也許被釋放出來。她要頂大赤包，不錯；可是她總有點怕那個老東西。因為急與怕，她想馬上去用毒藥謀害了大赤包！她和東陽商議，怎樣去毒死那個老東西。

東陽在這幾天，差不多是背生芒刺，坐臥不安。一想到若能把大赤包的地位、收入，拿到自己家中來，他的渾身就都立刻發癢：於是，他就拚命去奔走，去寫詩，去組織「討赤團」。這末一項是他獨自發動，獨自寫文章，攻擊大赤包，而假造出一些人名，共同聲討，故名曰「團」。他的第一篇文章裡有這樣的句子：「夫大赤包者，綽號也。何必曰赤？紅也！紅者共產黨也！有血氣者，皆曰紅者可死，故大赤包必死！」他非常滿意這幾句文章，因為他知道，在今天，只要一說「紅」，日本人就忘了黑白。這比給大赤包造任何別的罪名都狠毒。

可是，一看胖菊子的過度的熱烈奔走，他又不大放心。

他還沒忘記胖菊子是怎麼嫁了他的。她要是肯放棄了祁瑞豐，誰敢保她，若有了她自己的地位與收入，不也放棄了他自己呢？他的渾身又癢起來。

在另一方面，他又不肯因噎廢食，大睜白眼的看著別人把「所長」搬了去。

還有，招弟曾經找過他，託他營救大赤包。他不能不滿口答應幫忙，因為這不單是能接觸她的好機會，也是最便宜的機會——他知道招弟是費錢的點心，可是招弟既來央求他，他便可以白揩一點油，用不著請她吃飯、看戲，而可以拉住她的手。為這個，他應當停止在報紙上攻擊大赤包，以便多得到和招弟會面的機會。可是，要是一懈勁，停止攻擊，他又怕所長的地位被別人搶了去。

這些矛盾在他心中亂碰，使他一天到晚的五脊六獸的不大好過。一會兒，他想到胖菊子已作了所長，心中一熱；一會兒，他想到菊子離棄了他，心中又一冷；一會兒，他想到招弟的俊美，渾身都發癢；一會兒，他想到因取悅招弟，而耽誤了大事，渾身又都起了雞皮疙疸。

可是，這些矛盾與心理上的瘧疾，並沒使他停止活動。他還作詩寫短文攻擊大赤包；還接見招弟，並且拉住她的手；還到處去奔走；還鼓勵胖菊子去竭力運動。這樣，他的矛盾與難過漸漸的變成一種痛苦的享受。他覺得自己能這樣一手拉著八匹馬，是一種天才。

他贊同菊子的建議，去毒死大赤包。可是，他不知道大赤包被囚在哪裡。他把綠臉偎在她的胖臉上，而心中想著招弟，對她說：「快快的去打聽大赤包的下落，好毒死她！毒死她！」這樣說完，他感到他是掌握著生殺之權。於是，把眼珠吊起，許久不放下來，施展自己的威風。

他們倆把什麼都計議到，只是沒思慮到大赤包為什麼下了獄，和胖菊子若是作了所長，是不是也有下獄的危險。他們只在討論如何攻擊大赤包的時候，談到她的貪污，而彼此看那麼一眼，似乎是說：「大赤包貪污必定下獄，咱們比她高明，一定沒有危險！」

第七十章

　　招弟，自從家中被抄，就沒再回家。她怕家中再出了什麼意外，而碰到像什麼把她也綁了走的事。她可是一心一意的要救出媽媽。沒有媽媽，她看出來，她便丟失了一切。

　　在她學戲的時候，她曾經捧過一位由票友而下海的女伶——粉妝樓。她找了這位粉妝樓去，三言兩語的就住在了那裡。

　　粉妝樓有許多朋友，一天到晚門庭若市。招弟便和這些人打成一氣，託他們營救大赤包。

　　在舊日的親友中，她也去找過幾位，大家對她可是都很冷淡。有的甚至當面告訴她：「我們怕連累，請你不要再來！」

　　在這些人裡，只有藍東陽沒有拒絕她的請求。她知道

東陽是至多只給女人買一個涼柿子或幾粒花生米的人，所以坐窩就不敢希望他能請她吃頓飯或玩一玩。反之，她是來求他，所以她倒須下點資本賄賂他。她的資本便是她的身體；為營救媽媽，沒辦法，她只好任憑他拉著她的手，或摸摸她的臉。她須忍耐；等到救出媽媽來，她再給東陽一點顏色看看。至於東陽怎樣在報紙上攻擊大赤包，招弟並沒有看到。她沒有看報的習慣。即使偶爾拿起張報紙來，她也只看戲劇新聞，電影消息，與戀愛小說，而不看到別的事情。

她渴想看到媽媽，可是無論怎麼打聽，也不曉得媽媽是在哪裡圈著。招弟落了淚。她猜到事情一定是非常嚴重了。假若媽媽真有個不幸，她想，她自己可怎麼辦呢？她沒有本事，沒有存款，沒有——不錯，她有美麗與青春，不至於沒人要她。可是，她的美麗與青春，在這混亂的年月，是為玩一玩的。她不願老老實實的嫁個人，一天到晚去作飯抱娃娃。即使能嫁個闊人，用不著作飯抱娃娃，她的自由也要打個很大的折扣呀；那不行，她要的是無憂無慮無拘無束，盡情享受，而毫無責任，說幹什麼就幹什麼的生活。這樣的生活只有媽媽能給她。她真的哭了，想起

媽媽的一切好處，也想起媽媽若有危險，她自己可怎樣活下去！

在粉妝樓的許多男友中，有一個是給日本人作特務的。他，黃醒，是個漂亮的青年。他的長像好，裝束好，老帶著手槍。他知道自己體面，所以無論在什麼時候，他老把一點不必需的媚笑放在臉上，以便加多他的體面。他知道自己的裝束好，所以一天到晚老在扯扯領子，提提褲子，或正正衣襟。在手槍而外，他還老帶著一面小鏡子，時時的掏出來照照自己的臉，有時候連牙床兒都照到。

跟招弟談了一會兒，黃醒明白了她的困難。他願意幫她的忙，而且極有把握；只要她跟他走一趟，去見一個人，大赤包就能馬上出獄！

招弟喜出望外的願意跟他去。

他把招弟帶到東城，離城根不遠的孤零零的一所房子裡。進去，他把她介紹給一個日本人。轉眼之間，黃醒不見了，招弟開始懷疑這是怎回事。日本人詳細的問了她的

履歷，她一邊回答，一邊把大赤包的事提出來。他把她的履歷都記錄下來，對大赤包的事沒說什麼。然後，他領她到一間小屋，很小，只有一床一椅。

「這是你的屋子。記清楚，一○九號。以後，你就是一○九號，沒人再叫你的姓名。」說完，日本人向外面喊了聲：「一○四號！」

不大的工夫，進來個與招弟年紀相彷彿的女子。極恭敬的向日本人敬禮，而後她筆直的立定。

「告訴她這裡的規矩！」日本人走了出去。

招弟的心要跳出來，想趕快逃跑。一○四號攔住了她：「別動！這裡，進來的就出不去！」

「怎回事？怎回事？」招弟急切的問。

「待下去自然就明白了，用不著大驚小怪的！」「放我出去！放我走！我還有要緊的事呢！」

「放了你？這裡還沒放過一個人！」一〇四號毫不動感情的說。

「我必得出去，得去救我的媽媽！」

「在這裡待下去，將來立了功就能救你的媽媽！」一〇四號笑了笑，笑得極短，極冷，極硬。

「真的？」招弟不相信一〇四號的話。

「信不信由你！」一〇四號又那麼笑了一下，而後開始告訴招弟此處的規矩。

招弟的心涼了半截。她一向沒受過任何拘束，根本不懂得規矩兩個字怎麼講。可是，這裡一切都有規矩，彷彿要把活人變成機器！她哭了半夜。

好容易才睡著了，可是不久她被鈴聲吵醒，天還不十分亮呢。一〇四號在門外低聲的說：「快起，你！遲到一

會兒，打個半死！」

　　招弟顫抖著爬了起來，迷迷糊糊的往外跑。天很冷，冷氣猛的打在她的臉上，她似乎才醒利落。馬上，淚又迷住她的眼。跑到盥洗處，她只含了口水漱漱嘴，捧了一把水抹抹臉，就趕緊離開，恐怕遲到挨打。手揉著眼，她隨著大家──一共有四十多個青年男女──跑進後院的一塊空地去集合。空地的三面是高牆，牆頭上密紮鐵網；另一面是房子，山牆上有幾個方方的洞兒。院子的東牆外，不遠，便是城牆；那灰黑的，高大的，城牆，不聲不響的看著院內。地是光光的，冰硬的，灰黃的，城牆是灰黑的，堅硬的，光光的。天是灰碌碌的，陰寒的，光光的。招弟由地看到城牆，再看到天，作夢她也沒夢過這麼可怕的地方。一切是灰的，冷的，靜的，光光的，她不敢再看。即使不看，她還覺得到那冷氣，和灰暗，像要把她凍僵，凝結在灰暗裡。她想抓住誰的胳臂，好使自己立穩。她渾身都發顫，能聽到自己的牙響。

　　男的在前，女的在後，大家站成一排，面對著有方孔的山牆。由一〇五號到一〇九號立在最後，大概都是新進

來的，神情上都顯出特別的不自然與不安。

　　大家站好了一會了，四位教官，三個日本人，一個中國人，才全副武裝的，極莊嚴的，由前院走來。隊長喊了敬禮。三個日本教官還禮，眼珠由排頭看到排尾，全身都往外漾溢殺氣，嚴肅，與得意。

　　中國教官向日本人們敬過禮，而後大轉大抹的，像個木頭人似的，轉向了隊伍，把鞋跟磕得像小爆竹那麼響。他開始訓話。說了幾句關於全體學員的話，他叫新來的幾個號數：「向前五步——走！」

　　招弟看了看左右的同伴，而後隨著他們向前走。中國教官嗽了一聲，相當親熱的說：「你們已經知道了這裡的規矩，不必我再重複。現在是你們最後的機會，來決定你們到底願意在這裡不願意。有不願意的，請再向前走五步！」

　　沒有人敢動。後面的老學員們似乎已都停止了呼吸。招弟想往前走，可是她的腳已不會邁動。她向左右看，左

右的人也正看她。」

「沒有？」教官催問了一聲。

在招弟左邊的一個小姑娘，看樣子不過十六七歲，扁扁的臉，紅紅的腮，身體不高，而頗粗壯，模樣不俊，而頗渾厚可愛，猛的向前走去。

「好！」教官笑了笑。「還有沒有？」

招弟要邁步，可是被身旁的一個女的拉住。她晃了晃，又立定。

「好，你過來！」教官向扁臉紅腮的小姑娘說。她遲疑了一下，而後很勇敢的往前走；口中冒著些白氣。「這邊！」教官把她領到房子的山牆下，叫她背倚著牆上的一個小方洞。這時候，太陽上來了，把灰碌碌的天空忽然照紅，多半個天全是灰紅的，像淤住了血。城牆更黑了，而院中的牆與人都更清楚了點兒。扁臉姑娘的身上都發了紅，口中的白氣更白了。一個日本教官跳起來，手一揚，喊了

聲：「好的！」屋裡邊開了槍，小姑娘，口中還冒著點白氣，像塊木板似的，往前栽倒。天上更紅了，地上流著血。「歸隊！」中國教官向招弟們說。

招弟不曉得怎麼退回去的。她的眼前已沒有了別的東西與顏色，只有一片紅光由地上通到天空，紅光裡有些金星在飛動。

「向左轉！跑步！」教官發了命令。

招弟跑不動。可是，有那具死屍躺在那裡，她不敢不跑。每逢跑到死屍附近，她就想閉上眼。可是，不知怎麼的，她偏偏看見了它，與地上的血。她透不過氣來，又不敢站住。她張著口，雙手捧著小肚子，腸子彷彿要扯斷了似的。忍著疼，她東一腳西一腳的亂晃，彷彿是個醉鬼。不久，她的眼前遮上了一塊紅幕，與紅的天，紅的血，聯接到一處。她忘了自己，忘了一切，只覺得天地，紅的天地，在旋舞轉動。

她不曉得什麼時候，和怎麼，進到屋中。睜開眼，她

是在床上躺著呢，已經正午。

她沒再落淚。不敢想什麼。她惜命，決定不去靠一靠牆上的方洞兒。

青春是鐵，環境是火爐。過了一個月，她又「活」了。她不再怕血與死，她的心已變成了石頭的。她忘了以前小姐的生活，不再往手指甲上塗上寇丹，而變成了個新的招弟。這個新招弟，她自己盤算，將要比她的媽媽更厲害，更毒辣。以前，她只知道利用花般的容貌，去浪漫，去冒險；現在，她將把花容月貌加上一顆鐵石的心，變成比媽媽還偉大許多的女光棍。不錯，她的媽媽是還在獄裡，可是她不能不感謝日本人給了她個機會，使她有了前途。她想：只要她立點功，她一定能把媽媽救出來。等媽媽恢復了自由，她們倆並肩立在一處，必能教全北平城都發抖！

春天過去了，招弟受完了訓。

她希望得一隻手槍。沒有得到。

　　她希望得到一些足以使她興奮的工作。可是她被派到火車站上，查看來往的旅客。她得到一本子照片，須一一的記住在心裡，而後在車站上看有沒有與像片相符的人。這點事不易作，而且毫無趣味。她須時刻的留著神，而不見得能發現一個「奸細」。她須每天改變她的化裝，今天扮作鄉下丫頭，明天變作中年的婦人；可是老不能擦胭脂抹粉的扮成摩登小姐。她不高興這個差遣，更不喜歡她的化裝。可是，命令是命令，無法反抗。她知道反抗命令的結果是什麼，她還沒忘了那個扁臉的女郎。她渴望再穿上漂亮的衣服與高跟鞋，像好萊塢影片中的女間諜，來往在華麗的大旅館與闊人之間。可是，她必須去作鄉下丫頭！

　　她渴想去看看父親，不為別的，只為教他知道她已變成個有本事的人。可是，命令禁止她回家，禁止她與家裡的人來往。

　　她切盼能見到媽媽。她以為自己既作了日本人的特務，就一定有會到媽媽的機會與權益。可是，她依舊打聽不到媽媽在何處。

頭一天到前門車站去值班,她感到高興。她又有了自由,又看見春暖花開的北平。及至走到了車站,她又有些害怕。不錯,她是特務,有捉拿人的權柄。可是,捉拿人是不是也有危險呢?是的,她的身上有個證章;可是,它並沒顯露在外面,而是藏在衣裳裡邊;她露不出自己的威風,而只縮頭縮腦的站在那裡,像個鄉下來的傻丫頭。她感到寂寞、無聊,與寒傖。

過了一會兒,她拾起一張報紙。頭一眼,她看見了媽媽的像片!大赤包已死在獄中!像片的上下左右都說明著她的貪污、罪狀,與如何在獄裡發狂!

看完,她的淚整串的落下來。她白受了苦。白當了特務,永遠不能再看見媽媽!隔著淚,她看見車站上來來往往的人;那麼多人,可是她只剩了自己。她已沒有了那愛她的,供給她一切的,媽媽!

楞了半天之後,第一個來到她心中的念頭是——逃走!作了特務既沒能救出媽媽來,還有什麼意義呢?日本人是騙了她的媽媽,騙了她自己;她應當逃走,不再給騙她的

人作爪牙！

可是，她知道自己逃不了。看著車站上來往的人，以及腳行、巡警、車站上的職員，她不知道他們之中有多少是特務，哪幾個是特務。她可是準知道其中必有特務，而且不止一個。他們之中，也許有專負責監視著她的。她又看見了那個扁臉的女郎，在方洞兒前面一聲沒出的就栽倒在地，流盡了鮮血！

她抬頭看見了城牆的垛口，覺得那些豁口兒正像些巨大的眼睛，只要她一動，就會有一粒槍彈穿入她的胸口！她顫抖了一下。她忘了作特務的興奮與威風，而只感到多少隻槍在她背後！

「好吧，」過了好大半天，她告訴自己：「混下去吧！頂毒辣的混下去吧！能殺誰就殺誰，能陷害誰就陷害誰！殺害誰也是解恨的事！」

她丟失了家，丟失了媽媽，丟失了自由，只剩下了殺、害、恨！她並不想去殺害日本人，因為日本人的槍多，眼

目多，手快！

　　同時，高第天天出去找事，但是找不到。北平已經半
死，凡是中國人的生意，都和祁天祐的布舖差不多，開著
門而沒有買賣；因此，到處裁人，哪兒也不肯多添吃飯的。
大一點的生意，即使是飯館子，已都不能不接受日本人的
「股子」，和日本人合作。高第不高興到這種「合作」的
地方去作事，即使她能得到機會。至於官方的機關，那就
更不用說，通通被日本人一手拿住，不走日本人的或漢奸
的門路，不用打算得到個地位。這樣，北平的軀殼雖然仍
是高大寬厚的城牆，與那曾經住過多少位皇帝的亭園殿宇，
可是它的心肺已完全是日本人；凡想呼吸一點空氣的，得
到一點血液的，都必須到日本人那裡搖尾乞憐。高第不肯
這麼作。她親眼看見她的母親作了些什麼，和怎樣被抄家。

　　即使她肯去賣苦力掙飯吃，她的機會也還是不多。在
太平年月，一個女人給舖戶裡的人們洗洗縫縫的，也能吃
上三頓飯。現在舖戶的人已裁減去一大半，她搶不到活計。
在人家裡，只有「紅」漢奸才用得起僕人，高第既不願作
女僕，更不高興作奴隸的奴隸。

　　她後悔以前沒能夠學得掙飯吃的本事，可是後悔已遲。她的確有些勇氣，可是沒有任何資格與資本。假若她能逃出北平，她必能找到作事的機會，一邊作事，一邊學習，慢慢的她必能得到點知識與技巧。可是，她要清白的在北平掙飯吃，她是走入了一條死巷子！

　　她忙：她須作飯，洗衣服，買東西，和到處去找事。她急：她憋著一口氣，非要教爸爸看看不可，不作漢奸也還能活動。但是，她找不到事，而且手中眼看著就沒了錢。她慌：她本不會作飯，洗衣服；現在，初學乍練，越要討好，越容易把飯煮糊，把衣服洗得像狗舐的。她氣：曉荷不幫忙，也不給她一點鼓勵。他認為高第是沒認清大勢所趨，而只從枝節問題下手，顯然是自討無趣。雖然沒有明說，他的神氣卻表示出來：「在東洋人腳下，可想不吃日本飯，道地的糊塗蛋！」因此，他想看高第的笑話。無論她怎忙，他依然橫草不動，豎草不拿。到了高第發脾氣的時候，他會冷雋的說：「要我調動十桌八桌酒席嗎，嗯，我含糊不了！教我刷傢伙洗碗哪，對不起，自幼兒沒學過！」

　　許多天，他還沒打聽到大赤包與招弟的下落，他爽性不再去白跑腿。遇到丁約翰回來，他能跟他窮嚼幾個鐘頭。他詳細的問英國府的一切，而後表示出驚異與羨慕。「嗯！嗯！」他瞇著眼有滋有味的讚歎：「這玩藝兒，是得托生個外國人！這個天下是洋人的！」

　　丁約翰，現在，已不大看得起曉荷，本不大願招呼他。可是，曉荷既對英國府稱讚不置，他覺得若冷淡了曉荷便幾乎等於不忠於英國府，所以便降格相從的和他一扯就是幾個鐘頭。

　　除了丁約翰、瑞豐是他的密友。兩個人都不走時運，所以自然的同病相憐。一談起他們的懷才不遇，他們便感到一種辛酸的甜美，與苦痛的偉大。瑞豐總是說他的特務朋友。談起他們，他就覺得自己有希望，有作為，而提出這樣的結論：「冠大哥，你等著看，我非來個特務長作作不可！」「是的！是的！」曉荷把眼瞇成兩道細縫。「那才是發財的事！是的！」

　　兩個人的口袋裡，有時候，連一個銅板也沒有，可是他們的沒出息的幻想使他們越談越高興。他們的肚子沒有好的吃食，說到口乾舌燥的時候又只好喝口涼茶或冷水，所以說著說著，他們的臉上往往發綠，頭上出了盜汗，甚至於一陣噁心，吐出些酸水來。可是，他們還不住口，必須談下去；在談話中他們看見了一些虛渺的希望與幸福。

　　假若是剛吃過飯後，瑞豐必張羅著幫忙，替高第刷洗刷洗傢伙，以便得到她的歡心。雖然高第並沒有給他點好顏色看，他可是覺得很開心，並且時常暗示給她：「別發愁，大小姐！多嗜我有了好事，大家就都跟著好起來！咱們是知己的朋友啊。」

　　在實在沒有什麼可談的時候，他們倆會運用他們所知道的一點相術，彼此相面看氣色。「瑞豐！」曉荷用食指或無名指在瑞豐臉上輕輕划動。「別看你的臉發乾，顏色可是很正，很正！你的眼運鼻運都好！」然後，瑞豐也揀著好聽的誇讚曉荷一番；彼此的心中都寬了好多，都相信自己至少也是什麼星宿下界！

已到春天，高第還沒找到事。她，因心中發慌，開始覺得這是大赤包為非作惡的報應，不單她自己下了獄，而且她的女兒也得餓死！她的，和曉荷的，冬衣，剛一脫下來，便賣了出去。她不能不和父親商議一下了：「我盡到我的力量，可是沒有用；怎麼辦呢？」

曉荷的答話倒很現成：「我看哪，只有出嫁是個好辦法！嫁個有錢的人，你我就都有了飯吃！」真的，這是他由一部歷史提出的一個最妥當的結論：幼年吃父母；壯年，假若能作了官，吃老百姓；老年吃兒女。高第是他的女兒，她應當為養活著他而賣了自己的肉體。

「沒有別的辦法？」高第又問了一聲。

「沒有！」

高第偷偷的找了瑞宣去，詳詳細細的把一切告訴了他，並且向他要主意。

「恐怕你得走吧？此地已經死了，在死地方找不到生

活！」瑞宣告訴她。

「怎麼走呢？」

「當然有困難！第一是路費，第二是辦出境的手續，第三是吃苦冒險。不過，走總比蹲在這裡有希望！」「爸爸呢？」

「也許我太不客氣，他值不得一管！這，你比我知道的更清楚一點！」

高第點了點頭。

瑞宣，彷彿是，由骨頭上刮下二十塊錢來，給了她：「這太少點！可是至少能教你出了北平城；走出去再說吧！」拿著二十塊錢和一個很小的包裹，她沒敢向父親告別，也沒敢去辦離境的手續，便上了前門車站。她打聽明白：若是去辦離境手續，她必須說明到哪裡去，去多少日子；假若到期不回來，日本人會向她家中要人；所以她寧可冒點險，而不願給別人找麻煩。再說，她根本不知道她

283

自己到哪裡去。她大致的想了想，以為自己須先到天津，走一站說一站；就憑那二十塊錢，是不會給她個詳細的旅行計劃的。她很堅決。她總以為她是在媽媽的黑影下面，所以必須離開北平，躲開那個黑影。

上了到前門去的電車，她的心跳得極快。低著頭，緊握著那個小包，她覺得多少隻眼都盯著她呢！過了幾站，人們上來下去，似乎並沒有注意她。她這才敢抬了抬眼皮。可是，正看見一個巡警，與兩個日本人，上車。她的心又跳起來。她以為他們必定是來捉她的。不久，他們都下了車。她嚥了一口唾沫，鬆了口氣。她想起桐芳來。閉著口，在喉中叫：「桐芳！桐芳！早知道，咱們倆要是一塊逃出去，多麼好！請你保佑我！教我能平安的出去！」

這是北平的一個和暖的春天，高第可沒感到溫暖。沒了家，沒了一切，她現在是獨自走向不可知的地方去！看見了前門，她的心中更慌了。高大的前門，在她心中，就好像是陰陽分界的標記。下了車，她慢慢的往車站上走，她的腿似如已完全沒有了力氣。

　　開往天津的快車還有二十多分鐘才開車。她低著頭，立在相當長的一隊旅客的後邊。她的脊背上時時爬動著一股涼氣，手心上出了涼汗。她不敢想別的，只盼身後趕快來人，好把她擠在中間，有點掩飾。

　　正在這麼半清醒，半迷糊的當兒，有人輕輕的拍了拍她的肩。她本能的要跑。可是，她的腿並沒有動。她只想起兩個字來：「完啦！」

　　「姐！」招弟聲音極低的叫了一聲。

　　高第全身都軟了，淚忽然的落下來。好幾個月了，她已沒聽見過這個親密的字──姐！儘管她平日跟招弟並沒有極厚的感情，可是骨肉到底是骨肉。這一聲「姐」，把她幾個月來的堅決與掙扎彷彿都叫散了！

　　沒敢看招弟，她只任憑招弟拉著她的手，往人少的地方走。她忘了桐芳，忘了一切，像個迷了路的小娃娃似的，緊緊的握著妹妹的手，那小的，熱乎乎的手。

　　出了車站，在一排洋車的後邊，姐妹打了對臉。姐姐變了樣子，妹妹也變了樣子，彼此呆呆的看著。

　　對看了許久，招弟低聲的問：「姐，你上哪兒？」高第沒哼聲。

　　「爸呢？」

　　高第不知怎麼回答好。

　　「說話呀，姐！」

　　高第又楞了一會兒，才問出來：「媽呢？」

　　招弟低下頭去。「你還不知道？」

　　「不知道！」

　　「完啦！」招弟猛的抬起頭來，眼盯著姐姐。

「完啦？」高第低下頭去。她的手輕顫起來。

「告訴我，你上哪兒去？」

「上天津！」

「幹嗎？」

「找到了事！」高第握緊了小包，為是掩飾手顫。

「什麼事？」

「你不用管！我得趕快買票去！」

「不告訴我，你走不了！我是管這個的！」

「什嗎？」

「我管這個！」

「你？」高第的腿也顫起來。「媽媽怎麼死的？現在，

你又——難道你一點好歹也不懂？」

「我沒辦法！」招弟慘笑了一下，而後把語氣改硬。「你好好的回家！我要是放了你，我就得受罰！」

「我是你的姐姐！」

「那也是一樣！即使我放了你，別人也不會楞著不動手！走，回家！」招弟掏出一點錢來，塞在姐姐的手中，而後扯著姐姐往洋車前面走。「雇洋車，還是坐電車？」高第回不出話來。她的手腳都不再顫，她的臉紅起來，翻來覆去的，她的腦中只折騰著這一句話：「報應！報應！攔阻你走的是你的親妹妹！」

「姐，好好的回家！」招弟一邊走一邊說：「你敢再想跑，我可就不再客氣！再說，這個車站是天羅地網，沒有證據，誰也出不去！」她給高第叫了一部洋車。

高第已往車上邁腿，招弟又拉住她，向她耳語：「你等著，我會給你找事作！」

　　高第瞪著妹妹，字從牙齒間擠出來：「我？我餓死也不吃你的飯！」她把手中的一點錢扔給了妹妹。

　　「好，再見！」招弟笑了一下。

## 第七十一章

　　進了前門不遠，高第停住了車，抱歉的對車伕說：
「對不住，我不坐了！」給了車伕幾個錢，她向西走去。
她不知向哪裡走呢，也不知要向哪裡走呢；她只知道須走
一走，好散散胸中的怒氣。

　　迷迷糊糊的走了半天，她才知道她是順著順城街往西
走呢。又走了一會兒，她看見路北的一座小廟，她不由的
立住了。廟門，已經年久失修，開著一扇，她走了進去。
她不一定要拜佛燒香，而只覺得這是個可以靜靜的坐一會
兒，想一想前前後後的好地方。山門裡一個人也沒有。三
面的佛殿都和廟門一樣的寒傖，可是到處都很乾淨。這，
使她心裡舒服了一點。正在這麼東張西望的時節，由西殿
裡出來一個人，錢默吟先生。他穿著一件舊棉道袍，短撅
撅的只達到膝部。手中，他提著一個大粗布口袋，上面寫
著很大很黑的「敬惜字紙」。

　　高第說不上來話，而一直的撲奔過去，又要笑，又要

哭，像無意中遇到多年未見的親人似的。

老人的臉很黑很瘦，頭髮已花白。看見高第，他楞住了。眨了眨眼，他想了起來，極溫柔的笑了笑。「高第！」緊跟著，他停止了笑，幾乎有點不安的問：「你怎麼知道我在這裡？誰告訴你的？」

高第也笑了：「沒人告訴我，我誤投誤撞的走了進來。」老人彷彿是放了心，低聲的說：「別對任何人說，我在這裡。這裡也不是我的住處。不過有時候來，來──」老人又笑了一下。「告訴我，你幹什麼呢？」老人一邊說，一邊往正殿那邊走。高第在後邊跟著。他們都坐在石階上。

高第的話開了閘，把過去幾個月的遭遇都傾倒出來。老人一聲不響的聽著。最後，高第又提出「報應」作為結論。老人聽完，楞了一會兒，才說：「沒有報應，高第！事在人為，不要信報應！」

「我怎麼辦呢？」

「等我想一想看！」老人閉上了眼。

高第似乎等不及了，緊跟著問：「招弟要是也教我當特務去，我怎麼辦？」

「我正想這個問題！你有膽子去沒有？」老人睜開眼，注視著她。

「我，有膽子也不能去，我不能給——」

「你只想了一面，沒看另一面。假若你有膽子進去，把你的一切都時時的告訴我，不是極有用嗎？」

「那麼，我得等著她，她教我進去，我就進去？」「一點不錯！可是，」老人的眼還注視著高第的臉，「可是被他們知道了，你馬上沒了命，所以我問你有膽子沒有！」高第遲疑了一下。「錢伯伯，你不能給我點事作？我願意跟著您。」

「哼，我一時還不敢用小姐們！你看，日本人喜歡造

就女間諜，一來是因為他們看不起女人，以為女人們膽子小，容易管束；二來是因為中國人對女的客氣，女間諜容易混進內地去。至於他們自己，可不大容易受女子的騙，他們到處都給軍官們、兵們，安置好妓女，伺候著他們；咱們的女間諜即使肯犧牲色相，也無從接近他們。因此，我只在萬不得已的時候，男人活動不開的時候，才求女人幫幫忙。你到底敢去不敢，假若招弟找了你來？」

「我去！可是她要不找我來呢？」

「等著她！同時，我有用著你的地方，必通知你！」
「可是，我沒有收入，怎麼活著呢？」

「嗯，慢慢的想辦法！先別愁，別急，一個人還不那麼容易餓死！」

「我相信你的話，錢伯伯！回到家裡，我把招弟的事告訴爸爸不告訴呢？」

「告訴他！一告訴他，他必馬上找招弟去，必定到處

去吹噓他的女兒當了特務。這麼一來，招弟必吃虧，而無從紅起來。她紅不起來，咱們就減少了一個禍害星！」

「可是她要是紅不起來，也許她就不來找我，教我也去當——」

「人是活的，高第！要見機而作，不能先給自己畫好了白線，順著它走！」老人立了起來。「還有，隨時跟瑞宣商議，他沒膽子，可有個細心！」

高第也立起來。「錢伯伯，我以後上哪兒找你去呢？」「這裡，我要不在這裡，告訴後院的明月和尚，他是咱們的人。見到他，先要說『敬惜字紙』，要不然他不相信你！」高第隨著老人，慢慢的往廟外走，看著老人手中的口袋，她好奇的問出來：「錢伯伯，口袋裡有什麼？」老人立住，看著她，笑了笑，沒說什麼。快到廟門口，老人教高第先出去：「高第記住了！別對任何人說我的事！好好的回家，等著招弟，或我的消息。別著急，發愁！見機而作！你是個好孩子，我早就知道！走吧！」

高第先獨自走出來。她不敢回頭再看一看，知道老人

不願和她一同出來必有用意，她不便再東瞧西望的，惹老人不高興。可是，老人的黑瘦的臉與溫和的笑容，還都非常清晰的在她心中。那個形影，像發著光與熱力，使她看見春天，全身都溫暖起來。那個形影，像個最美麗的菩薩似的，教她感到安全，給了她無限的希望。她想到，即使馬上再遇到招弟，馬上去當特務，她也會連眼也不眨一下，便去冒險，犧牲；有錢先生的話在她心中，即使她馬上掉了腦袋，也是舒服的！

最使她高興的是錢先生說沒有報應。這幾個字揭去了她心上的一片黑雲。她是她，大赤包是大赤包，她並不須替媽媽負責，承受懲罰。只要她大起膽來，敢去作錢先生教她作的事，她便能對得起自己的良心，也對得起一切的人。想明白了這一點，她的全身都感到輕鬆，腿上有了力氣。她一氣走回家來。

冠曉荷和祁瑞豐正在屋中閒扯淡。一看見他們倆，高第馬上皺上了眉。剛才，在小廟裡，她見到一位活的菩薩；現在她看見一對小鬼。他們倆，這一對活鬼，特別的醜惡，討厭，因為她剛剛看見了那慈祥的，勇敢的，有智慧的，

菩薩。她下了決心，不再對他們客氣，敷衍。瞪了他們一眼，像憑空響了一聲雷似的，告訴他們：「媽媽死啦！」曉荷不相信自己的耳朵：「什嗎！」

「媽媽死啦！」高第還瞪他們。

曉荷用手捂上了眼。瑞豐看了看他們父女，張著嘴，說不出話來。他居然動了心，倒彷彿大赤包是萬萬死不得的。「大哥！大哥！」瑞豐含著淚勸慰：「別太傷心！別——」他的話噎在了喉中，眼淚流了下來。

曉荷把手放下來。「我並沒哭！哭不得！現在哭不得！想想看，自從她下獄，街坊四鄰就都對我翻白眼；他們要是知道了冠所長死了，不就更小看我，說不定還許啐我兩口嗎？我不哭，我傷心我知道，可是不能教街坊們聽見，得意！」「大哥！」瑞豐急忙把落錯了的淚擦去，而改為含笑：「大哥，你見得對，高明！」

曉荷長歎了一聲，淒婉的問高第：「你怎麼知道的呢？」「招弟告訴我的！」

　　兩個人一齊跳起來，一齊問：「招弟？招弟？」

　　高第真想扯他們一頓嘴巴子，但是她必須按照錢先生的囑咐行事，她納住了氣：「她當了特務！」

　　「真的？」瑞豐狂喜的說：「喝！謝天謝地！二小姐是真有兩下子，真有兩下子，我佩服，五體投地的佩服！」「高第！」曉荷高聲的叫：「我們可以放聲的哭了！教街坊們聽一聽！哼，我死了作所長的太太，可又有了作特務的女兒！他們敢再向我翻白眼，我教招弟馬上抓他們下獄！來，我們哭！」說罷，他高聲的哭叫起來。

　　高第氣得又顫抖起來，獨自坐在外間屋裡。瑞豐不好意思也放聲哭大赤包，只好落著淚用手輕輕捶曉荷的背，一邊捶一邊勸慰：「大哥！大哥！少慟吧！按說，二小姐既作了特務，我們應當慶賀一番；這麼哭天慟地的，萬一衝了喜反倒不美！」

　　曉荷好容易才止住悲聲，大口的啐著粘水，而後告訴

高第：「找點黑布，咱們得給她掛孝！」

高第沒有動，依然坐在那裡生氣。曉荷自己在屋中搜尋了一回，找不到任何布條。這使他有點掛氣：「混得連塊黑布也沒有了！他媽的！」

「別忙呀，二小姐一立了功，大捧的鈔票不是又塞鼓了你的口袋？」瑞豐眉飛色舞的說。

曉荷走到外間屋來，問高第：「你在哪裡看見她的？」「前門車站！」

「前門車站！」瑞豐也跟出來，點頭讚歎。

「她穿著什麼？」

「像個鄉下丫頭。」

「化裝！化裝！」瑞豐給下了註解。

「瑞豐，」曉荷拉住瑞豐的胳臂：「走，跟我找她去！」「走！見著二小姐，咱們先要過點錢來，痛痛快快的喝兩杯，慶賀她的成功！有這麼一說沒有？」瑞豐不願白跑一趟，所以先用話扣住曉荷。

「有這麼一說，走！」

到了車站，二人撲了個空。招弟已離開了那裡。「大哥，交給我好啦，我去打聽她在哪裡。我有特務上的朋友，一定能打聽得到！你先回家，咱們家裡見！」瑞豐橫打鼻梁的說。

「好，就那麼辦！我再在這兒等一會兒，家裡見！」

在車站上又等了一個多鐘頭，曉荷還是沒遇見招弟。他回了家。

一進小羊圈，迎頭他碰見了李四爺。他趕緊縱上鼻，濕著眼，報告大赤包「過去了」。而後，他起誓，必須找到她的屍身，給她個全份執事，六十四人槓的發送。「好

299

啦，四爺，聽我的招呼，領榼是你的事！這一定能作到，你看，招弟又在日本人手下成了個人物！」

李四爺只隨便的哼了兩聲，便搭訕著走開。

走到大槐樹下面，曉荷又遇了孫七，他揚眉吐氣的告訴孫七：「來，給我刮刮臉！你的別的手藝不行，刮臉總可以對付了！」

孫七毫不客氣的說：「忙，沒有工夫！」

「喝，好大的架子！」曉荷撇著嘴說：「趕早兒別跟我這麼勁兒味兒的！告訴你，招弟，二小姐，作了特務！」孫七沒再出聲，眨巴著近視眼走開。

曉荷多走出幾步路，去訪問白巡長，告訴他：「里長還得由我擔任喲！招弟，我們的二小姐，現在作了官，比你的官職還大那麼一點！」

在過去的幾個月裡，因為高第的關係，大家似乎已忘

了曉荷的討厭與可惡。大家，一方面看在高第的面上，一方面看曉荷缺衣缺食的，都不便死打落水狗。這點成績，一天的工夫被曉荷破壞無遺。

第二天，冠家門上的封條被扯掉，搬來七八口子日本人。全胡同的人都把頭低下去。這麼小的一條胡同，倒有兩個院子被日本人佔據住，大家感到精神上的負擔實在太重。因為討厭日本人，他們也就更恨冠曉荷：假若，他們想，不是冠曉荷出賣了錢先生，假若大赤包沒有作出抄家的事情來，日本人怎會想起這條不起眼的小胡同呢？

曉荷可是另有一個看法，他對鄰居們解釋：「咱們必要看清楚，東洋人跟咱們是一家人。那是我的房子，我能不心疼嗎？當然心疼！可是，話得從兩面說，招弟現在作著他們的事，而他們又住著我的房子，這不是越來越親熱，越有交情嗎？一定！」

除了這樣聲明，他還每見到新搬來的日本男女，都深深的鞠躬，趕上去搭訕著說幾句話，並且報告一點房子的歷史：「這所房子是我──等我想一想啊──前六年翻修

過的，磚瓦木料全骨力硬棒！下多大的雨，絕對，絕對不
漏！就是呀，夏天稍微熱一點，必須嗎，請記住，搭個涼
棚！搭上棚，地上再灑點水，我告訴您，就甭提多麼舒服
啦！」

　　瑞豐跑了一天，沒打聽到招弟的下落。他非常的著急。
見到曉荷，他保證第二天再去打聽，必定能打聽出她的下
落。曉荷拿出老太爺的勁兒來：「好啦，瑞豐，你就多偏
勞吧！你去跑跑，就省得我奔馳了！」在他想：招弟反正
是他的女兒，早找到一天呢更好，遲兩天呢也沒多大關係；
她還不會因為延遲兩天而另找個爸爸。他沉住了氣，感到
萬分的得意，好像女兒被選作皇后，而自己可以不費任何
事的作了宰相。他不願再去跑腿，而要靜候聖旨來到。他
得意，越細呷摸，他越相信自己以前的所作所為都完全順
情合理，所以老天有眼，才使他絕處逢生，生生不已！

　　瑞豐可是比曉荷還更急切。他有他的盤算：假若他能
找到招弟，說不定她也能把他介紹進去，他確信作特務是
發財的最好的捷徑。即使他進不去，那麼，憑他為冠家奔
走的功勞，大概也可受之無愧的白吃白喝冠家一些日子；

他是冠家的「患難朋友」啊！

　　招弟很得意。能毫不留情的截阻回姐姐，她相信了自己的本領。她決定要在車站上作出幾件出手的事來，以便快快的高昇一步，好能穿上漂亮的衣服，抹上口紅，把浪漫與殺人聯繫到一處。隨著這個決定，她在兩個星期裡拿了八個青年。在這幾個人中，只有一個確有間諜的嫌疑，其餘的都是老實規矩的旅客。她不管什麼間諜，還是旅客，她只求立功。她知道，日本人並不因為她錯拿了人而見怪她，因為他們喜歡多有些青年來嘗試他們的毒刑與殘暴。

　　她的眼還是那麼美，可是增加了一點光兒，一種浮動的，厲害的，光兒。帶著這點光兒去看人，她好像看見誰都要馬上愛上他；同時，又好似並沒十分看清楚他，即使他馬上掉了腦袋，她也毫不關心。這點光兒像是一片蛛網，要捉住一切蜂蝶，而後把牠們殺掉！

　　她的笑已失去從前的天真，而變成忽發忽止的一點「作派」。她忽然的笑了，從唇上，臉上，以及身上，發出一股春風，使人心蕩漾；忽然的，她停止了笑，全身像

電流忽然停頓，使人們失去燈光，而看到黑暗與恐怖。

　　她的身體雖然還是那麼小，而失去了以前的玲瓏。她還時時刻刻的意識到自己的美麗，即使在扮作鄉下丫頭的時候，也還一會兒看看自己的腳，一會兒用手掌輕輕拍一拍頭髮。可是，有時候她似乎忘了自己的嬌美，而把腿伸出去老遠，或忘了繫一兩個鈕扣，好像要把肉體施捨給全世界似的。

　　在捉過八個人以後，她已獲得日本人的歡心。她覺得自己的確有本領，有膽氣，真不愧為大赤包的女兒！過了幾天，她那個受訓的地方開慶祝成立三週年紀念會。招弟得到個好機會。在遊藝會上，她扮唱了前次未能唱成，而且惹起禍來的《紅鸞禧》。她的嗓子並不比以前好，可是作派十分的老到。她已不怯場，而且深知道必須捉到這個機會，出一出風頭。她把那浮動的眼光由心裡加勁的提出來，掃射著台下的日本人。她把已不甚玲瓏的肢體調動得極肉感，醜惡。她沒按照著規矩去作戲，而是盡量施展肉感。台下的日本人都發了狂。

這一場戲，使她壓倒了一切的女同事。她希望不久便可以得到好的遣派，能穿上好衣服與高跟鞋。她希望一〇九號不久便變成日本人心中的一個有強烈色彩的數字。

可是她的住處被瑞豐設盡了方法打聽到。瑞豐和曉荷像一對探險家似的，興高采烈的來到東城根。門兒關得嚴嚴的，他們倆不敢去叫門，而恭恭敬敬的立候招弟出來。守門的在門內，早已由門縫看清楚他們。他們等了有二十多分鐘，沒有一個人出來。曉荷決定去叫門。他以為自己既是招弟的父親，他必能受一番招待，不管招弟現在在這裡與否。他還沒把手放在門上，門開了一點。守門的，一個中國青年，低聲的問：「幹什麼？」

「找小女招弟！」曉荷裝出極文雅的樣子說。

「趕緊走！別惹麻煩！」守門的青年說。「我看你歲數不小了，不便去報告；你知道，在這裡東張西望都有罪過！」「行個方便，給我通報一聲；冠招弟，她是我的女兒，我來看看她！」

305

守門的青年急了。「我是好意，告訴你趕緊走開？你要不信，我就進去報告，起碼他們圈禁你半年！誰告訴你的，她在這裡！」

曉荷趕緊指了指瑞豐：「他！」

「走！走！」青年急切的說。

曉荷和瑞豐不肯走，他們既找對了地方，怎能不見到招弟就輕易的走開呢！？

正在這個時候由裡面出來一個日本人。曉荷急忙調動兩腳，要給日本人行九十度的鞠躬禮，守門的青年已經把手槍掏出來：「別動！」

瑞豐要跑，青年又喊了聲：「別動！」

日本人一點頭，青年用槍比著他們倆，教他們進去。曉荷在邁步之前，到底給日本人鞠了一個深躬。瑞豐的小乾臉上已嚇得沒了血色。

　　到了裡邊，日本人問了守門的青年幾句話，一轉眼珠，馬上看到一個極大的陰謀。他是征服者，征服者的神經不安使他見神見鬼。他首先追究，他們怎麼知道招弟在這裡。曉荷把這個完全推到瑞豐的身上。瑞豐很想掩護告訴他招弟的地址的那位特務，可是兩個嘴巴打在他的乾臉上，他吐了實話。日本人聽到瑞豐的話，馬上推想到：「中國的特務已經不十分可靠，應當馬上大檢舉，否則日本特務機關將要崩潰！」

　　瑞豐怕再挨打，不等問便連忙把他平日所認識的特務都說了出來。日本人的心中看見了：裡應外合，中國的地下工作者與在日本特務機關作事的中國人，將要有個極大的暴動！

　　他追問瑞豐為什麼交結特務？瑞豐回答：「我願意當特務！」這是個很好的回答，可是並沒有能減少日本人的疑心。

　　為報復曉荷把狗屎堆在他的身上，教他挨了嘴巴，他

告訴日本人：「是他先知道招弟作了特務，所以我才去打聽她的下落。」

日本人問曉荷怎麼知道招弟作了特務，曉荷決定不等掌嘴，馬上把高第攀扯出來。

日本人忙起來，把曉荷與瑞豐囚起之後，馬上把瑞豐提到的那些特務，一齊圈入暗室，聽候審訊。

第七十二章

　　到晚間十點鐘了，曉荷還沒有回來，高第心中打開了鼓。最初，她感到歡喜，假若曉荷和瑞豐都被日本人扣下，招弟也就得受懲戒。那麼，錢先生的妙計豈不是成了功？可是再一想，假若他們真被扣下，日本人也一定不會輕易放過祁家和她自己！她有點發慌。她決定先去警告祁家一下。韻梅也正在等著瑞豐。

　　高第把來意說明，韻梅把瑞宣叫了起來。瑞宣聽罷高第的話，馬上去把祖父與母親都叫了起來；他知道，假使日本人真來調查，他們必分別的審問祁家的每一個人，大家的話若是說得不一致，就必有危險。

　　高第把話又說了一遍，祁老人與天祐太太都一聲沒出。瑞宣首先提議：「我們就是受刑，也不能說出錢先生來！是不是？」

　　祁老人點了點頭。

「日本人問到老二，我們怎麼回答呢？」瑞宣問。

「實話實說！」天祐太太低聲而堅決的說。

「對！實話實說！」祁老人的小眼睛盯住了自己的磕膝說。「他的年紀，他的為人，他的履歷，跟他願意去當特務，都照實的說，不必造假！我們說實話，信不信全在日本人！殺剮存留，任憑他們，反正我們說的是真話！」老人把頭抬起來，小眼睛看著大家。「實話，還要硬說！我活了快八十歲了，永遠屈己下人，先磕頭，後張嘴；現在，我明白了，磕頭說好話並不見得準有好處！硬著點！」說完，老人的手可是顫起來。「我呢？大哥！也實話實說？」高第問瑞宣。

「除了遇見錢先生的那一點，都有什麼說什麼！他會教招弟跟你對證！」瑞宣告訴她。

「那麼，我大概得下獄！」

「怎麼？」韻梅問了一聲。

「我為什麼要離開北平？我不能自圓其說！」

「還是實話實說！」祁老人像發了怒，聲音相當的大。「咱們的命都在人家手裡攥著呢，幹嗎再多饒一面，說假話呢！」高第沉默了半天，才說：「好吧，我等著他們就是了！」

瑞宣把她送回去。他還要囑咐她許多話，可是一句也沒說出來。

一夜，祁家的人誰也沒睡好。不錯，幾年的苦難把他們都熬煉得堅硬了一些，可是他們到底是北平人，沒法子不顧慮，恐慌。

果然不出高第所料，約摸著大概剛剛五點鐘吧，小羊圈來了一卡車日本人。胡同口，大槐樹下，都設了臨時的崗位，倒彷彿胡同裡有一連游擊隊似的。

三個進了六號，五個進了祁家。

祁老人有了雙重的準備——幾年的折磨與昨晚的會商——決定硬碰硬的對付日本人。他的眼直看著他們，語聲相當的高，表示出他已不再客氣謙恭；客氣謙恭並沒救了天祐、小文、小崔們的命。

四個人在四處分頭審問瑞宣、韻梅、天祐太太，和祁老人。這樣審問後，他們比較了一下他們的紀錄，而後把大家集合在一處，從頭兒考問。祁老人的眼神告訴了瑞宣們，他自己願意作代言人。日本人問一句，老人毫不遲疑的回答一句。日本人問到：「你們知道他願意作特務？」「知道！」祁老人回答。

「為什麼他要去當特務？」

「因為他沒出息！」

「怎麼？」

「甘心去作傷天害理的事，還不是沒出息？」

　　天祐太太和韻梅聽老人這樣回答，都攥著一把汗。可是，日本人的態度彷彿倒軟和了一點。他們都看著祁老人，半天沒再問什麼。老人的白髮，高身量，與鐵硬的言語，好像有一種不可侵犯的尊嚴，使他們不好再開口。

　　兩個日本人嘀咕了幾句，其中的一個匆忙的走出去。不大的工夫，他走回來，帶著一號的日本老太婆。瑞宣心裡亮了一下，他就疑心她，所以每次她用話探他，他老留著神，不肯向她多說多道。可是，不久，他發現了自己的錯誤。

　　日本人逐一的指著祁家的人，問老太婆幾句話，老太婆必恭必敬的作簡單的回答。雖然他們說的是日本話，瑞宣聽不懂，可是由老太婆的神氣，與他們的反應，他看清楚，她是給祁家的人說好話呢。

　　問完了老太婆，他們又盤問了瑞宣幾句。他回答的和他們已記錄下的完全一致。他們無可奈何的往外走。老太婆極恭敬的跟在他們的後面，僅在到了院中，她才抓著機

313

會看了瑞宣一眼，微微的一點頭。瑞宣明白她的意思，也只微一點頭，而沒敢說什麼。

日本人走後，祁老人彷彿後怕起來，坐在炕沿上，兩手發顫。

韻梅為安慰老人，勉強笑著說：「這大概就沒事了吧？」老人楞了半天才說出來：「讓他們再來！反正我已經活夠了，幹嗎還怕死呢！教他們再來，我等著他們的！」又楞了一會兒，他搖著頭說：「一個人沒出息呀，能鬧得雞犬不安！我、你、大家，都錯了，都不該那麼善待老二！」

「雖然這麼說呀，一家人到底是一家人，難道因為他沒出息，就不要他了嗎？」韻梅還勉強笑著說。「不信，他明天出了獄，回來，咱們還不是得給他飯吃！」

老人沒再說什麼，歪在了炕上。

高第被日本人帶走。她回答不出為什麼要離開北平，

為什麼要走而不辦出境的手續。

跟著他們走，她的心反倒安靜下來。她對自己說：「既逃不出北平去，不下獄也等於下獄；那麼，到獄裡去彷彿倒更妥當一點。假若日本人強迫我作特務，我，我便點頭——給錢先生作點事！他們要殺我呢，也好；反正活著也是受罪！」這麼想好，她不單鎮定，而且幾乎有點快活。

來到獄中，日本人馬上教她和招弟對質，她們所說的完全與以前的口供相合。而後，他們把姊妹倆帶到前門車站去表演上次相遇的情形，她們幾乎連一步都沒走錯，通通與口供相符。車站相遇這一場算是毫無破綻。

可是，他們不能釋放了高第，因為她還沒解釋清楚她為什麼要逃出北平，他們以為那絕對不能出於她的自動，而一定有什麼背景——比如：城外有什麼秘密的機關，專招收北平的青年。他們，所以，必須關起她來。慢慢的，細細的，把那個背景審問出來。

　　假若因為一兩個人的無聊，也能造成一段殺人流血的歷史，這回事便是個好的例證。北平的日本特務機關舉行了整飭風紀運動，要徹底肅清不可靠的中國人。曉荷與瑞豐一點也不知道他們的無聊無恥會發生這麼大的作用，可是多少個青年的鮮血都因此而流在暗室裡！凡是瑞豐所供出的特務，都人不知鬼不覺的喪了命。而後，特務與特務之間又乘此機會互相檢舉，傾軋，於是有一大批人被囚在暗室裡。

　　招弟，在和姐姐對質後，仍然被禁在暗室。她解釋得很好：「我教高第回家，不是私自放了她，而是想也把她介紹進來，作特務。」可是，日本人不接受這個解釋。他們以為她應當馬上向上方報告，不應私自拿主意，放高第回家。假若高第沒有回家，而從別處跑出北平去呢，怎麼辦？招弟無言答對。

　　最難以處置的倒是曉荷與瑞豐。日本人調查他們倆的過去經歷，他們倆，一點不錯，是百分之百的順民。日本人特由天津調來兩位有權威的「支那通」，教他們鑒定這兩個活寶。結果是：在相貌、言談舉止、嗜好、志願、心

理，各項中，曉荷的平均分數是九十八；瑞豐稍差一點，九十二！據兩位支那通說：能得到平均分數八十分的就可以作第一等的順民；曉荷與瑞豐應當是超等！

日本人是崇拜權威的，按照兩位支那通的報告，他們理應馬上重用曉荷與瑞豐。可是，他們到底還有點不放心，只好再細細的調查。他們每天要審問曉荷與瑞豐三次；越審問，他們越覺得他們倆可愛，可也越有點摸不清頭腦。

曉荷的鞠躬，說話（模仿著日本人說中國話的語調與用字），與種種小身段，使日本人驚異：他們佔領了北平才這麼三四年，會居然產生了這樣的中日合璧的人物。他們問他：「大赤包死在獄裡，你有沒有一點反感？」他的回答是那麼自然，天真，使日本人不知怎辦才好。他深深鞠了一躬說：「你們給我個官兒作呢，就是把大赤包的骨頭挖出來，再鞭打一頓，我也不動心；有了官兒作，我會再娶個頂漂亮的，年輕的，太太！你們要是不給我事情作呢，沒辦法，我總得想念大赤包！」

「你要作什麼官呢？」他們問。

「越大越好，不管什麼官！」

他們彼此相視，誰也沒辦法。他們喜歡漢奸，也卑視漢奸，他們可是不知是喜愛曉荷好，還是卑視他好！他幾乎是個超人，弄得日本人沒了辦法。他們提審瑞豐：「你願意幹什麼？」

「我？」瑞豐摸著小乾臉，說：「願意當特務。」

「為什麼？」

「好弄錢！」

是的，瑞豐的言談、風度，的確沒有曉荷的那麼成熟、得體。可是，他的天真與爽直，也使日本人受了感動。說真的，日本人來侵略中國，哪一個不是為弄錢呢？他們沒法再抬起手來掌瑞豐的嘴！他也是一個什麼超人！

為試探他，他們答應下教他作特務。他噎了好幾口氣才說出來：「那好極了！」

　　回到獄室，他歡喜得似乎發了狂。見著給他送飯的，和從門外走過的，他都眉飛色舞的告訴他們：「看見過這種事兒沒有？我進來坐獄，一共只挨過兩個嘴巴，猛孤丁的，大變戲法，我當上了特務！我，喊，嗯，有點福分！等著瞧吧，從這兒一出去，腰裡掖著手槍，喝，鈔票塞滿了口袋喲！」

　　日本人們只能乾嚥唾沫，想不出主意，如何處置他。他們不能再給他施刑，那對不起兩位支那通的報告。他們不能真用他作特務，因為他的嘴是一座小廣播電台。他們囚著他，光多費一些飯食；放了他，又不大妥當。

　　於是，曉荷與瑞豐便平安無事的在獄裡度著他們的無聊的生活。山洪巨浪沖破了石堤，毀滅了村莊，淹死了牛馬，拔出了老樹，而不能打碎了一點渣滓！

## 第七十三章

　　當大赤包入獄的時候，歐洲的大戰已經開始。北平的報紙，都顯出啼笑皆非，不知怎樣報導西方的血光炮影才好。看到德軍的所向無敵，日本人與漢奸們都感到狂喜，願意用最大的鉛字，替戰魔宣傳。可是，德軍的閃電襲擊與勝利，又恰好使日本人自愧無能，沒有一下子滅亡了中國的本事。他們不能不替德國作宣傳，又似乎不好意思給別人搖旗吶喊，而減低了自家的威風。

　　北平的一般人，可是，並沒怎麼十分注意這些事。他們聽慣了謠言，所以不輕易相信偽報紙的消息。再說，假若他們相信了那些消息，他們便沒有了希望：德國征服了歐洲，日本人征服了亞洲，他們自然就永遠為奴，沒有翻身之日。為給自己一點希望，他們把那些消息當作了謠言。這就是說，他們不相信德國能征服歐洲，也不相信日本人能滅亡了中國。

　　還有，他們的切身的問題，也使他們無暇去高瞻遠矚

的去關心與分析世界問題。他們須活著。可是，他們沒有了煤，沒有了糧。他們自己的肚子的饑鳴，與兒女們的悲啼，比一切都更重要，都須最先解決。饑與寒是世界上最大的事，因為它們的後面緊隨著死亡。

德軍攻下華沙，德軍佔領丹麥，英法軍失敗──消息一串串的傳來，彷彿戰神，和大赤包一樣，已經發了瘋。但是，北平人們的眼卻看著四處的麥秋。他們切盼有個好的收成，可以吃到新的麵粉。

華北的新麥收下來了，可是北平人不單沒見到新麥，也看不見了一切雜糧。

日本人一道命令，北平所有的麵粉廠與米廠都停了工，大小的糧店都停止交易。存糧一律交出，新糧候命領取。麵粉廠的機器停止了活動，糧店的大橢圓形的笸籮都底兒朝天放起來。北平變成了無糧的城。

天津、石家莊、保定，卻建立了極大的糧庫，囤積起糧食，作長期戰爭的準備。

　　小羊圈裡最有辦法的人，李四大爺，竟自沒有了辦法。在幾十年的憂患中，不管是總統代替了皇帝，還是由洋人或軍閥佔領了北平，他始終能由一個什麼隙縫中找到糧食；不單為自己充飢，也盡可能的幫助別人。今天，他沒有了辦法。他親自去看過了：麵粉廠裡已鴉雀無聲，糧店的大笸籮底子朝了天，打燒餅的熄了灶，賣餛飩與麵條的歇了工。平日，他老把壞消息報告給鄰居們，不是要使大家心中不安，而是為教大家有個準備。今天，他低著頭回了家，沒敢警告街坊四鄰，因為他只看到了患難，而毫無幫助大家的辦法。日本人使老者的智慧與善心都化為無用。


　　祁老人發了脾氣。聽到斷糧的消息，他親自去檢看米缸與麵罈子。他希望看到有三個月的存糧——他的一成不變的預防危患的辦法。可是，他發現罈子與缸中的東西只夠再吃十來天的。他冒了火，責備韻梅為什麼不遵行他的老規矩。韻梅有可以為自己辯護的理由：糧食早已一天比一天貴，一天比一天更難買到，她沒有那麼多的錢，也沒有那麼大的本事，去購買存糧。可是，她不便向老人聲辯。她是舊式的賢婦，不肯為洗刷自己，而招老人更生氣。

天祐太太知道其中的底細，知道老人冤屈了韻梅。可是她也沒敢出聲。她只想起丈夫的慘死，而咒詛自己：「我沒有一點用處，為什麼不教我死了呢，也好給大家省一口糧啊！」

連小順兒和妞子似乎都感到了大難臨頭。他們隨著老人去看罈子與缸，而後跑到棗樹下低聲的嘀咕：「沒了糧！沒了糧！」

孫七因在糧店作活，打聽到更多的消息，也就更恐慌。他打聽明白：以後每家糧店都沒有了自由交易，而改為向日本人領取雜糧，領到多少，便磨多少麵粉，而後以一定的價錢，與規定的時間，憑糧證賣給住戶們。這樣，糧店已不是作生意，而是替日本人作分配糧食的義務機關。這樣，除了領到糧的時候，糧店的人們便沒有任何事可作，所以每家都須裁人；有十個夥計的，只留下一兩個便夠用了。聽到這個，孫七的心涼了半截！別的舖戶已經都裁過人了，現在又添上了糧店。他怎麼活下去呢？舖戶越多裁人，他的生意就越少啊！

回到家中，他想痛痛快快的對程長順發發牢騷，大罵日本人一頓。可是，他沒敢扯著嗓子亂罵，他曉得對門有兩家日本人。他擠咕著近視眼，低聲的咒詛，希望既不至於被日本人們聽見，又能得到長順的同情。

可是，長順已結了婚，而且不久就可以作父親，（太太已有了孕）已經不像先前那麼愛生氣，愛管閒事，和愛說話了。他還是恨日本人，真的，但是不像從前那樣一提日本人便咬牙，便想逃出北平去當兵了。現在，他似乎把養活外婆與妻子當作第一件事，而把國家大事放在其次了。有時候，他甚至須故意忘記了日本人，才好婆婆媽媽的由日常生活中找到一點生趣。

在作完了那一批爛紙破布的軍服以後，他摸清了點「小市」上的規矩與情形，於是就拿丁約翰分給他的一點錢作資本，置辦了一副挑擔，變成個「打鼓兒的」。

這個生意不大好作。第一，打鼓兒的必須有眼睛；看見一件東西，要馬上能斷定它的好壞，與有沒有出路。有

眼睛的，能買到「俏」——也許用爛紙的價錢買到善本的圖書，或用破銅的價錢買到個古銅器。反之，沒眼睛的，便只能買到目所共睹的東西，當然也就沒有俏頭。第二，必須極留神。萬一因貪利而買到賊贓，就馬上有吃官司的可能；巡警與偵探專會由打鼓兒的手中起贓，而法律上並不保護他們——拿不到犯人，便扣起打鼓兒的來。這在以前是如此，在日本人的統治下更是如此。第三，必須心狠。打鼓兒的與放賬的一樣，都是吃窮人的。賣東西的越急於用錢，打鼓兒的便越咬牙出價。用最低的價錢買入，以最高的價錢賣出，是每個打鼓兒的所必遵行的；沒有狠心趁早兒不用幹這一行。第四，必須吃苦受累。每天，要很早的起來，去趕早市。然後，挑著擔子去串小胡同，敲打著小鼓喚醒窮人的注意。走許多條胡同，也許只作一號生意，也許完全落了空；但是，腿腳不動，買賣不來，絕對不能偷懶。

在選擇這個營業的時候，外婆與長順很費了一番思索與計議。長順知道自己沒有什麼眼力。他只認識破布爛紙，而打鼓兒的須能鑒定一切。其次，他曉得自己的心不狠毒；他自己是窮人，不能去實行「不殺窮人沒飯吃」的理論。

可是，他也看出來，經驗不是由一天得來的，老不敢去試
一試，他便永遠得不到它。

　　況且，他的確知道自己不怕跑腿受累。過去的沿街叫
唱留聲機，與趕早市收買破爛，都是跑腿的事情，他願繼
續這麼辦。再說，儘管天天要跑路，可是游遊蕩蕩的，也
自有它的自由。腿是自己的，願往哪裡去，便往哪裡去；
願幾時出發或停止，便幾時出發或停止。他有完全的自由。
這個，恐怕就是這營業的最大的誘惑力。

　　至於自己的心不毒辣，他以為，倒不算一件要緊的事。
他願意公平交易。能公平，生意必多，他還能掙上飯吃。

　　外婆最不放心的是怕長順買了賊贓，吃上罡誤官司。
長順立誓不貪便宜，一定極留神——他會把賣東西的人的
相貌、年紀、地點，都用個小紙本記下來，以便有根可尋；
即使不幸真買到贓物，也不至於吃官司。

　　他置備了挑擔與小鼓。

最初，他只買舊報紙與舊瓶子什麼的，這些幾乎都有一定的價錢，他不會吃虧。拿到市上去賣，這些東西也有定價；賺的不多，可是有一定的賺頭。他須賣相當大的力氣，挑來挑去這些破爛而沉重的東西，他可是不敢惜力：他已是個有了家室的人，必須負責養活他的老婆。

小崔太太（現在是小程太太了），在馬老太太的手下，比從前乾淨利落了許多。她好像說不上來，喜歡長順不喜歡，而只覺得應當盡力討馬外婆的歡心，好好的過日子。她現在有了吃穿，有了住處。無論她喜歡長順與否，她也得打起精神去操作。沒有這次再嫁，她知道，她會流落成乞丐或妓女。自然，她還沒忘了再嫁的難堪與慚愧，特別是她天天須看到一位守節多年的馬外婆；可是，「不得已」能原諒一切，她有什麼更好的辦法呢？她也沒能忘了小崔，到了他的生日祭日，或他們結婚的日子，她不敢明言，卻暗中落淚。她特別怕聽「日本人」三個字，每逢聽到，她的眼就發直，忽然的楞起來！

程長順看出來這些，而決定一言不發。他知道他必須賣力氣，多掙錢，能使她吃得好一點，穿得好一點，她就

必能滿意，漸漸的忘了小崔。同時，他不敢再當著她講論日本人，甚至於連「東洋」兩個字也不提。

由買賣舊紙破瓶子，他慢慢的放膽收買舊衣服破鞋。他看見了別人用極低的價錢能買到一套沙發，或一套講究的桌椅。他可不敢去買，即使他得到機會。他知道現在的北平，能穿能用的舊東西比沙發和好木器更有用處與出路。可是，他所知道的，別人也知道。自從他作了打鼓兒的，這一行人忽然增加了一兩倍。大家都看出來：北平是越來越窮了，人們也越會賣東西，和買東西——賣了頂好的，買次好的；賣了次好的，買不甚好的；賣了不甚好的，買壞的——同行的一多，勢必發生競爭。他所願買入的，也是別人願弄到手的。他不得不多出價錢，多出便少賺。他又想出辦法來。他請求外婆與太太幫他的忙，把收進的東西該洗刷的由她們加以洗刷，該縫補的縫補齊整。雖然她們不能整舊如新，可究竟能使破爛的東西稍微改觀，也就可以多賣幾個錢。這樣，外婆與太太也就有了事作。

在破舊的衣裳鞋帽而外，銅鐵鉛錫都最值錢。日本人除了教北平人按月獻銅獻鐵之外，還到處去收買它們；只

要能買到,就不怕沒有出路。長順可是不肯買賣銅鐵。他知道他自己不買,別人還是照樣的收進來,而後轉賣給日本人。但是,他下了決心不動銅鐵,為是證明自己還有點良心,不肯替日本人搜集作炮彈——打中國人的炮彈——的原料。

自從他選取了這行營業,他就有心閉上眼瞎混,不關心別的,而只求使一家三口凍不著,餓不著。可是,一天到晚穿大街過小巷,他好像不知不覺的把手指按在了北平的腕脈上。他看出來:破衣服值錢,因為日本人統制了棉紗;一塊破鐵也有價值,因為日本人搜刮廢鐵。同時,他也看出:北平的中等人家已多數保持不住「中等」,因為他們已開始賣東西;而窮苦人家已降落到無衣無食。有時候,他接過來一件女短襖或小衣服,還滾熱的呢——剛剛由女人或小兒身上脫下來!他還咬著牙問價還價,可是心中真想哭。他不由的多添了錢,忘了他是作生意呢!買成或沒買成這樣的一件衣服之後,他會挑著擔子走出老遠,迷迷糊糊的忘記敲打手中的小鼓!他知道北平是「完」了!

從一個老人手中,他買了一根烏木桿,白銅嘴的長煙

管。過了好幾天沒能把它賣出去，他留著自用了。他是要強的，不肯染上任何嗜好。可是，他需要吸口煙。在街上看見傷心的事，他便找個樹蔭或僻靜的地方，放下擔子，裝上一袋煙，輕輕的吧唧著。看著藍煙是在面前旋動，他心中安恬了一些。

回來家中，他不是忙著幫助外婆與妻子洗刷修整那些破東西，便是坐在屋外台階上吸一兩袋煙。從眼角偷偷的看一看她們，他心裡說：「我心中有許多事，可是不便告訴你們！」

他把自己的破留聲機與古老的唱片挑出去不知多少次，始終沒賣出去。他可也不再去上弦，唱給自己聽，偶爾的，因為買到一點俏貨，心中一高興，他不知不覺的哼出一兩句二簧來。可是，一聽到自己的聲音，馬上就閉上嘴。他喜歡唱戲，但是嗓子一動，他就不由的想起小文夫婦來！是的，他想一心一意的作生意，忘了國事，忘了日本人；可是，日本人，像些鬼似的，老跟隨著他！

孫七的愛說愛道，已引不起長順的高興答辯。孫七拉

不斷扯不斷的說，長順只縮著脖子吸葉子煙，一語不發。
等到孫七問急了他，他才嗚嚷著鼻子說：「誰知道！」

今天，他又用這三個字答了孫七對絕糧的憂慮。孫七
幾乎要發脾氣了：「你簡直變成了小老人啦！」

長順沒心思拌嘴，輕輕在階石上磕了磕煙鍋子，走進
屋中去。

自從他作了買賣破爛的，長順就不再找瑞宣去談天。
見到瑞宣，他總搭訕著嗚嚷兩聲，便很快的躲開。他，在
瑞宣面前，總想起二三年前的自己。那時候，他有勇氣與
熱心，雖然沒有作出什麼驚人的事，可是到底有點人味兒。
他沒臉再和瑞宣談話。

瑞宣，自從父親被逼死，便已想到遲早北平會有人造
的饑荒！日本人既施行棉紗與許多別的物品的統制，就一
定不會單單忘記了統制糧食。雖然有這點先見之明，他可
是毫無準備。一來是他沒有富餘的錢去存糧，二來是他和
多數的文人相似，只會憂慮，而不大會想實際的辦法。

由日本人在天津與英國人的搗亂，由歐洲大戰的爆發，他也看出來日本人可能的突擊英國在東方的軍事據點與要塞。假若這將成為事實，日本人就必須拚命的搜刮物資與食糧，準備擴大戰爭。

他屢次想和富善先生說這件事，可是老人總設法閃躲著他。老人知道瑞宣所知道的一切，明知情形不妙，可是還強要相信日本人不敢向英帝國挑戰。他最高興和人家辯論，現在卻緘默無言了。他為中國人著急，也為英國人著急。但是，他又以為英國到底是英國，不能與中國相提並論，不肯承認中國與英國一同立在危險的地位。

見老人不高興談話，瑞宣想專心的作事，好截住心中的憂慮。可是，他的注意力不能集中。一會兒，他想起歐洲的戰事，而推測到慢慢的全世界會分為兩大營陣，中國就有了助援與勝利的希望。一會兒，他想像到祖父、母親、與兒女，將要挨餓的慘狀。這樣的一憂一喜，使他感到焦躁。

　　長順不敢招呼他，他也不敢招呼長順。他覺得自己一點也不比長順高明。他們倆似乎都已變為老人，身體還未衰老，而心已不會發出青春之花的香味。

　　小順兒已到了上學的年歲。瑞宣決定不教他去入學──他的兒子不能去受奴隸教育。天祐太太與韻梅都反對這個辦法，瑞宣可是很堅決，倒好像不教兒子去受奴化教育是他的抗日最後的一道防線！

　　不久，他開始笑自己：「要用個小娃娃去擋住侵略嗎？去洗刷一家人的苟延殘喘的恥辱嗎？」可是，他依然不肯改變主張。每天一得空，他便親自教小順兒識字，認數目。在這以外，他還對孩子詳細的講述中國的歷史與文化。他明知道，這不大合教育原理，可是，這似乎是他最高興作的事。在這麼講論的時候，他能暫時忘了眼前的危亡與恥辱，而看見個光華燦爛，到處是周銅漢瓦，唐詩晉字，與梅嶺荷塘的中華。同時，他也忘了自己的因循苟安，而想到小順兒的將來──一個最有希望與光明的將來！

　　為省燈油，韻梅總在白天抓著工夫作活，晚上很早的

就睡，不必點燈。就是點上燈，燈頭也捻得很小。為教小順兒讀書，瑞宣狠心的把燈頭捻大！不，他不能為省一點油而耽誤了孩子的教育！屋中的這點燈光，彷彿是亡城中的唯一的光明，是風暴裡的燈塔！

冷天，他把小順兒的小手放在自己的袖口裡，面對面的給講古說今。講著講著，小順兒打了盹。他無可如何的把孩子放到床上去。熱天，父子會坐在院中用功。這時候，小妞子也往往裝模作樣的坐下聽講。小順兒若提出抗議：「妞妞，你聽不懂！」瑞宣溫和的說：「教她聽聽，她會懂的！」在最近兩天，正在這麼講說，忽然想起目前的人造饑荒，瑞宣渾身忽然的一冷。他看見了個將要餓死的小兒，樣子還像小順兒，可是瘦得只剩了一層皮！他講不下去了。「小順兒，睡覺去吧！」他知道，這點教育救不了小順兒，而更恨自己的無能與可笑。

因此，他可也就更愛小順兒。小順兒是他的希望，小順兒將要作出他所未能作到的一切，小順兒萬不可餓死！

但是，誰能保證，在無糧的城中，兒女不餓死呢？

書名：四世同堂 第五卷

I S B N：978-1548907242

作者：老舍

封面設計：C.S. Creative Design

出版日期：2017 / 04 / 01

建議售價：US$ 17.99 / CDN$ 19.71

出版：C.S. Publish

www.ingramcontent.com/pod-product-compliance
Lightning Source LLC
Chambersburg PA
CBHW030419290526
45786CB00001B/44